Process of Planning M&A Strategy

# M&A戦略の立案プロセス

三菱UFJリサーチ&コンサルティング株式会社
**木俣貴光** 著
Takamitsu KIMATA

中央経済社

# はしがき

　多くの日本企業にとって，もはやM&Aは日常事となった。統計上，平均すれば1日当たり10件以上のM&Aが公表されているが，公表されていないものも含めれば，その数倍ものM&Aが日々実行されているに違いない。

　買い手としてM&Aを志向する企業は多い。大手企業の中期経営計画には，必ずといっていいほどM&Aに積極的に取り組む姿勢が盛り込まれている。M&Aによる投資予算を掲げる企業も珍しくない。

　しかし，M&Aの実現に向けて，具体的な戦略や計画を立てて，プロアクティブに取り組んでいる企業は少ないのが実感である。多くの場合，M&Aは"売り案件ドリブン"であり，金融機関や隆盛を極めるM&A仲介会社などから案件が持ち込まれたのをきっかけに，ディールに突入するケースが目立つ。

　もちろん，持ち込み案件に対応することが悪いことでは決してない。問題は，受け身の姿勢でM&Aに対応してしまうと，目的意識が曖昧なままディールが進み，結果的に高値掴みをしたり，PMI（買収後の経営統合）がうまくいかずに，そのM&Aが失敗に終わってしまう確率が高まることである。

　また，M&Aを積極的にやりたい経営トップと，M&Aに慎重な事業部との間に温度差があり，多くの検討時間を割くものの，思うようにM&Aが進まないというのもよくある話である。

　これらの事態は，M&A戦略が具体的に練られていないことに起因する。単に売上高や利益の増大を図るためのM&Aは，日本電産の永守重信会長の言葉を借りれば，「膨張戦略」であって成長戦略とはいえない。


　本書は，企業が買い手としてM&Aをプロアクティブに推進していくための戦略を立案する際のガイドラインとして，企業の経営企画やM&A担当部門の方々に活用していただけることを目指したものである。買い手にとって，

M&Aは経営戦略を実現するためのあくまで手段ではあるが，M&Aを活用することで実現できる経営戦略があることも事実である。

そこで本書は，経営戦略からM&A戦略への落とし込みやM&Aのマネジメントルール，さらに豊富な実例を交えながらM&A戦略の類型にフォーカスを当てている点に最大の特徴がある。

本書は，以下のように構成されている。

第1編では，M&A戦略を立案する流れと押さえておくべきポイントを整理している。第1章でM&Aの失敗要因の解説とM&A戦略の定義付けを行い，第2章ではM&A戦略の前提となる経営戦略のアプローチと主なフレームワークについておさらいしている。第3章からがいよいよ本題となるが，第3章で経営戦略からM&A戦略への落とし込みの流れと押さえるべきポイントについて，第4章でM&Aのマネジメントルールについて解説している。

第2編では，M&A戦略の代表的な15の類型につき，実例を交えながら解説している。それぞれの類型ごとに，その概要と学説あるいは昨今の経営環境を踏まえた着眼点，その類型を体現している企業の事例を紹介している。事例は，M&Aを経営戦略の中心に据えて複数のM&Aを実行している企業を選定しており，長期的な視点で成果を捉えられるよう，基本的に売上高と売上高営業利益率の長期的なトレンドをチャート化している。また，教訓となる反面教師ともいうべき事例も取り上げている。

なお，本書の意見にかかる部分はすべて筆者の個人的見解であり，必ずしも所属する企業グループを代表する見解ではないことを予めお断りしておきたい。

本書が，企業で戦略立案やM&Aに携わる方々のみならず，金融機関などで企業にM&Aのアドバイスをする方々，あるいは経営戦略とM&Aに関心のある学生やビジネスマンの方々にとっても思考を深める一助となれば幸いである。

本書の出版に当たっては，中央経済社の川副美郷氏に多大なるご尽力をいただいたことに深く感謝したい。最後に，本書の執筆のため，毎度のことながら，

週末に少なからぬ時間を費やしてしまった。家族からの理解と協力を抜きに本書の完成はなく，記して家族への感謝の言葉としたい。

2019年5月

木俣　貴光

# 目　次

## 第1編　M&A戦略の立案プロセス

### 第1章 ■ M&A戦略とは　2

1．熱狂と厳しさを増すM&A市場 ……………………………………… 2
2．M&Aの失敗要因 …………………………………………………… 4
　事例1　入札における高値掴みを回避〜ファーストリテイリング／7
　事例2　度重なる苦難を乗り越えM&Aの評価を挽回〜ブリヂストン／9
3．シリアルM&Aの罠 ………………………………………………… 10
4．売上規模の拡大と利益率の関係 ………………………………… 11
　事例3　シリアルM&Aの罠に嵌った代表例〜アーク／12
5．そもそもM&A戦略とは？ ………………………………………… 15

### 第2章 ■ M&A戦略の前提となる経営戦略概論　17

1．経営戦略のアプローチ …………………………………………… 17
2．戦略立案の基本プロセス ………………………………………… 21
3．外部分析のフレームワーク ……………………………………… 22
　(1)　アーカーの外部分析フレーム／22
　(2)　PEST分析／23
　(3)　5フォース分析／24

2　目　次

　　⑷　機会のフレームワーク／24

　4．内部分析のフレームワーク ……………………………………… 26

　　⑴　財務分析／27

　　⑵　VRIOフレームワーク／27

　　⑶　7 Sモデル／28

　　⑷　バリューチェーン分析／29

　　⑸　強み・弱みのチェックリスト／30

# 第3章　■　経営戦略からM&A戦略への落とし込み　32

　1．経営戦略からM&A戦略への落とし込みプロセス ……………… 32

　2．M&A戦略の前提となる全社戦略 ……………………………… 33

　3．成長戦略の選択肢 ………………………………………………… 35

　4．事業戦略の方向性の明確化 ……………………………………… 36

　5．参入戦略の選択 …………………………………………………… 38

　　事例4　　人材獲得により家電事業へ参入〜アイリスオーヤマ／40

　6．M&A戦略の選択 ………………………………………………… 42

　7．ターゲット企業の選定基準の明確化 …………………………… 43

　8．ターゲット企業の選定ポイント ………………………………… 46

　　ケース1：外食産業　47

　　ケース2：電子部品業界　49

　　ケース3：物流業界　51

　　ケース4：小売業界（GMS）　53

　9．ターゲット企業の選定プロセス ………………………………… 55

　10．買収提案に際しての心構え ……………………………………… 58

目　次　3

## 第4章 ■ M&Aマネジメントルール　60

### 1. 投資の意思決定ルール　60
　⑴　正味現在価値（NPV）とは／62
　⑵　M&Aにおける投資の意思決定ルール／64
### 2. M&A投資予算の設定　66
### 3. 被買収企業に対する統治方針　68
### 4. 実行後のモニタリングルール　70
　⑴　投資回収の進捗管理／70
　⑵　事業計画の進捗状況／71
　事例5　明確なM&A戦略とPMIノウハウで驚異の成長を実現〜ダ
　　　　　ナハー／71

## 第2編　M&A戦略の15類型

## 第5章 ■ 市場浸透型M&A戦略　78

### 1. M&A戦略①　競合買収　79
　⑴　概要／79
　⑵　経営統合スキーム／80
　事例6　業界の雄への執念〜JXTGホールディングス／81
　事例7　業界再編後の明暗を分けた王子製紙と日本製紙／83
### 2. M&A戦略②　ロールアップ戦略　87
　⑴　概要／87
　⑵　「規模の経済性」に関する論点／87
　事例8　ロールアップによる事業再生〜ゴルフ場業界／89
　事例9　広域型ロールアップで業界首位に成長〜第一交通産業／91

4　目　次

　　**事例10**　大手による集約が急速に進む調剤薬局業界／93

# 第6章　■　製品開発型M&A戦略　　96

1．M&A戦略③　製品拡張戦略 ………………………………………97
　(1)　概要／97
　(2)　製品拡張の方向性／97
　　**事例11**　日本を代表するM&A巧者～日本電産／99

2．M&A戦略④　許認可買収 …………………………………………103
　(1)　概要／103
　(2)　参入障壁の種類／104
　　**事例12**　通信事業の高い参入障壁をM&Aで克服～ソフトバンク／
　　　　　　109

3．M&A戦略⑤　技術買収（A&D）…………………………………111
　(1)　概要／111
　(2)　コア技術戦略／112
　　**事例13**　技術買収で大胆な事業ポートフォリオ転換を実現～富士フ
　　　　　　イルムホールディングス／113
　　**事例14**　手堅い技術買収で製薬業界の「優等生」～アステラス製薬
　　　　　　／117

4．M&A戦略⑥　ブランド買収…………………………………………121
　(1)　概要／121
　(2)　ブランド・ポートフォリオ戦略／121
　　**事例15**　ラグジュアリーブランド買収の王者～LVMHモエ・ヘネ
　　　　　　シー・ルイ・ヴィトン／124
　　**事例16**　ブランド買収で長期的な成長を果たすも正念場に直面～ネ
　　　　　　スレ／128

目　次　5

## 第7章 ■ 市場開拓型M&A戦略 　　134

1．M&A戦略⑦　エリア拡大戦略……………………………………135

⑴　概要／135

⑵　エリア拡大戦略における留意点／135

事例17　北海道から東北へのドミナント戦略～アークス（食品スーパー）／136

2．M&A戦略⑧　海外企業買収………………………………………139

⑴　概要／139

⑵　国際経営戦略の方向性／139

⑶　海外M&A研究会報告の要点／141

事例18　海外M&Aのお手本～日本たばこ産業（JT）／146

事例19　海外M&Aと愚直な「最寄り化」で高成長を実現～ダイキン工業／153

事例20　旺盛な起業家精神で人材領域グローバルトップを目指す～リクルートホールディングス／156

3．M&A戦略⑨　特定顧客獲得買収…………………………………159

⑴　概要／159

⑵　特定顧客への依存度が高い企業の魅力とリスク／160

事例21　M&Aとテクノロジーでロジスティクスを超えたビジネスモデル構築を目指す～日立物流／161

4．M&A戦略⑩　顧客層拡大戦略……………………………………163

⑴　概要／163

⑵　消費者市場のセグメンテーション基準／164

事例22　苦戦するGMSの救世主なるか～ドン・キホーテ／166

6　目　次

---

## 第8章 ■ 垂直統合型M&A戦略　168

1．M&A戦略⑪　垂直統合戦略 ································································ 168

　⑴　概要／168

　⑵　垂直統合戦略における留意点／168

　事例23　食肉の垂直統合モデルで急成長〜エスフーズ／171

　事例24　ユニクロをモデルに食のプラットフォーマーを目指す〜神明ホールディング／174

---

## 第9章 ■ 多角化型M&A戦略　177

1．多角化経営の是非 ········································································· 178

　⑴　多角化とコングロマリット・ディスカウント／178

　⑵　多角化の動機と正当性／179

2．M&A戦略⑫　事業ポートフォリオ転換戦略 ······························ 182

　⑴　概要／182

　⑵　事業ポートフォリオの転換に対する投資家の目線／182

　事例25　商社機能と製造業の融合モデルを目指す〜アルコニックス／184

　事例26　成長戦略に基づき大胆な事業ポートフォリオの転換を実現〜日清紡ホールディングス／186

3．M&A戦略⑬　コングロマリット戦略 ·········································· 190

　⑴　概要／190

　⑵　コングロマリットと株主アクティビズム／191

　事例27　俊敏な「ねずみの集団」〜エア・ウォーター／194

　事例28　「人は変われる」を自ら証明できるか〜RIZAPグループ／196

4．M&A戦略⑭　プラットフォーム戦略 ·········································· 200

⑴　概要／200

　　⑵　産業のレイヤー構造化とプラットフォーム戦略／200

　　**事例29**　M&Aで独自のエコシステム（経済圏）の基盤を構築〜楽
　　　　　天／203

　　**事例30**　中小食品企業の支援プラットフォーム〜ヨシムラ・フー
　　　　　ド・ホールディングス／207

5．M&A戦略⑮　マルチアライアンス戦略 ……………………………… 209

　　⑴　概要／209

　　⑵　アライアンス・スキーム／209

　　**事例31**　巧みなアライアンス戦略で「100年に1度」の変革に立ち
　　　　　向かう〜トヨタ自動車／213

　　**事例32**　300年成長し続けるための「群戦略」〜ソフトバンクグ
　　　　　ループ／216

第 1 編

# M&A戦略の
# 立案プロセス

第1編　M&A戦略の立案プロセス

# 第 1 章　M&A戦略とは

　そもそもM&A戦略とはどのようなものか。本章では，近時のM&A市場の動向とM&Aの失敗要因について解説した上で，M&A戦略の定義と必要な要素について述べる。

## 1．熱狂と厳しさを増すM&A市場

　目下，日本のM&A市場はかつてない活況を呈している。2017年にはM&A件数は初めて3,000件を超え過去最高を記録，さらに2018年は26％増の3,850件と大きくジャンプアップした（図表1－1）。その背景の1つは，後継者不在を理由とした売り手側のニーズの高まりである。団塊世代が70代を迎えており，当面事業承継型のM&Aニーズが高水準で推移するとみて間違いない。一方，人口減少による市場の縮小やグローバル経済の進展，テクノロジーの進化など，厳しさを増す経営環境に立ち向かうべく，成長戦略の柱としてM&Aを志向する買い手側のニーズもますます高まっている。その一環として，多くの大企業がCVC（コーポレート・ベンチャー・キャピタル）ファンドを設立し，ベンチャー企業への投資も加速させている。

　現在，M&A市場は，圧倒的な売り手市場である。売却希望者よりも買収希望者のほうが圧倒的に多く，優れた経営資源を有する売り手企業であれば，必ずといっていいほど複数の買い手候補が現れ，オークションとなる。そうなると，買収金額は高騰しがちであり，買い手側の事業シナジーに対する目利き力と高値で札を入れる度胸が試されることとなる。特に2015年頃からは，カネ余りを背景に多くのファンドが組成され，M&Aにおいて投資ファンドが買い手

第1章　M&A戦略とは　　3

となるケースが増えている。すでに日本のM&Aのうち，およそ2割が投資会社によるM&Aとなっており，オークションへのファンドの参戦は，買収金額の高騰に一層の拍車をかけている（図表1－2）。こうしたことから，買い手にとってM&Aを成功させるハードルはますます高くなっているといえる。

**【図表1－1】日本におけるM&A件数の推移**

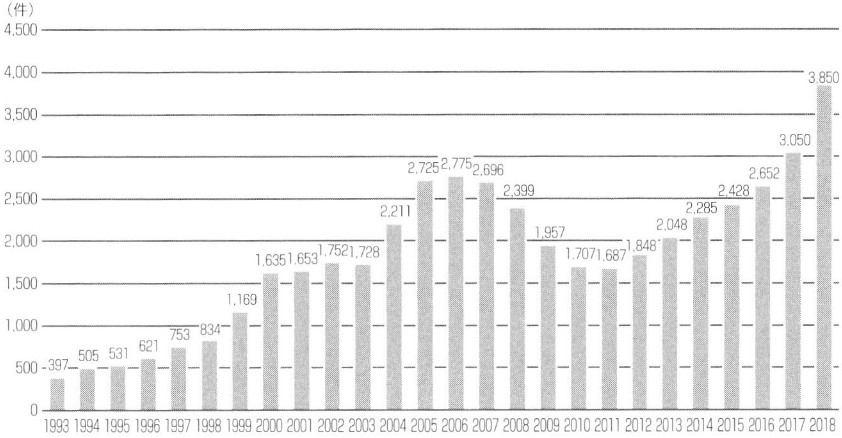

（件）

4,500

4,000
3,850

3,500
3,050

3,000
2,725 2,775 2,696
2,652

2,500
2,399 2,428
2,211 2,285
2,048
1,957
1,848

2,000
1,635 1,653 1,752 1,728
1,707 1,687

1,500
1,169

1,000
834
753
621
531
505
397

500

0
1993 1994 1995 1996 1997 1998 1999 2000 2001 2002 2003 2004 2005 2006 2007 2008 2009 2010 2011 2012 2013 2014 2015 2016 2017 2018

出所：MARRをもとに作成

**【図表1－2】投資会社によるM&A件数の推移**

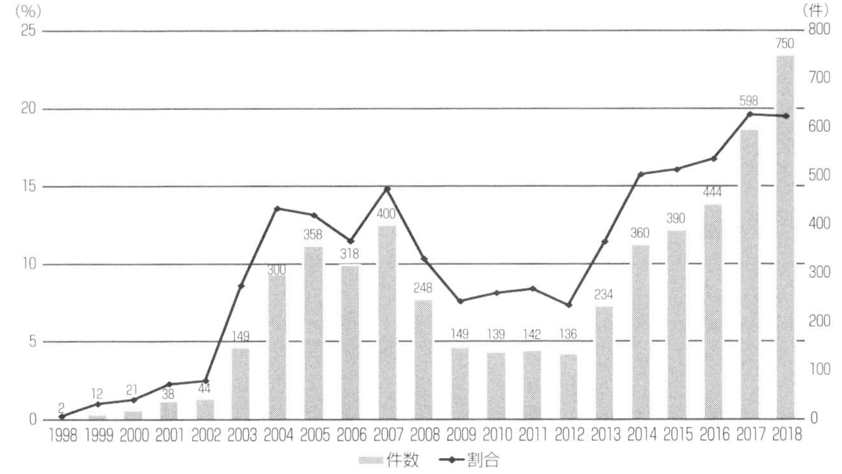

（％）　　　　　　　　　　　　　　　　　　　　　　　　　（件）

25　　　　　　　　　　　　　　　　　　　　　　　　　　800

700
750

20　　　　　　　　　　　　　　　　　　　　598
600

15　　　　　　　　　　　　　　　　　　　444
500

400
400
358
360
390
318
300

10
248
300
234
149 149 139 142 136
5

2 12 21 38 44
0
1998 1999 2000 2001 2002 2003 2004 2005 2006 2007 2008 2009 2010 2011 2012 2013 2014 2015 2016 2017 2018

■■■件数　◆—割合

出所：MARRをもとに作成

4　第1編　M&A戦略の立案プロセス

## 2．M&Aの失敗要因

　多くのM&Aに関する調査結果によれば，M&Aの成功確率は概ね30～50%となっている。逆にいえば，成功しない確率は50～70%だといえる。M&Aが成功しなかった主な理由としては，①買収価格が高すぎた（高値摑み），②そもそも買うべき会社ではなかった（戦略的な意義が薄かった），③PMI（Post Merger Integration：買収後の経営統合）がうまくいかなかった，という点が挙げられる。

【図表1－3】M&A失敗の3大要因

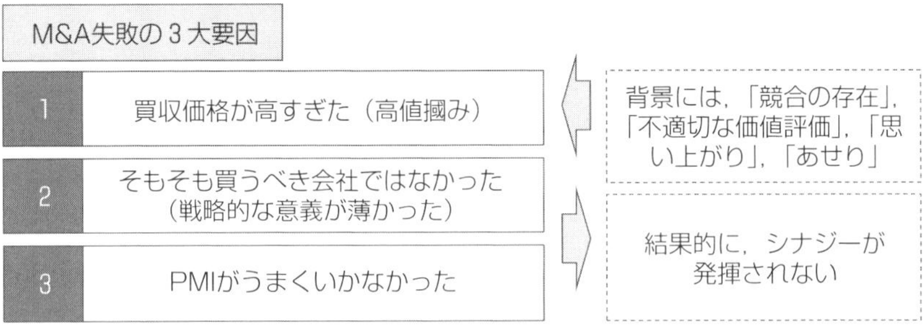

　中でも「高値摑み」により，M&Aで手痛い失敗を経験した企業は多い。特に，海外企業のM&Aにおいて，そうした例は枚挙にいとまがない。

　買収価格を高くしすぎてしまうのには，いくつかの要因がある。1つには，オークションにおける競合他社の存在がある。競合他社に取られてしまうと，その後の競争が不利な状況に追い込まれることが危惧される場合，多少高くても仕方がないという心理が働きやすい。

　また，そもそも価格の前提となる企業価値算定（バリュエーション）が適切でないというケースもある。きちんとしたフィナンシャル・アドバイザー（FA）が就いていればそうしたことはない（と信じたい）が，FAが就いていない場合や，仲介業者による持ち込み案件の場合[1]は，適切なバリュエーショ

ンが行われないリスクは否定できない。

　ターゲット企業が上場企業であれば，市場株価があるためバリュエーションの妥当性は判断しやすいが，ターゲット企業が非上場企業の場合は，その妥当性を判断するのは容易ではない。特に，業績があまりよくない企業のバリュエーションにおいては，のれん（営業権）はゼロではなくマイナスになるべき案件も珍しくないが[2]，そのような評価が行われていないケースも多い。具体的には，時価純資産法による評価額とDCF法[3]による評価額を比較して，DCF法による評価額のほうが低い場合，その差額は"マイナスのれん"ということになる。そのような場合は，基本的には時価純資産価額を下回る価格で買収すべきということになる[4]。なお，会計上，簿価純資産額よりも低い価格で買収した場合は，営業外収益に「負ののれん（M&Aによる割安購入益）」を一括計上することとなる。

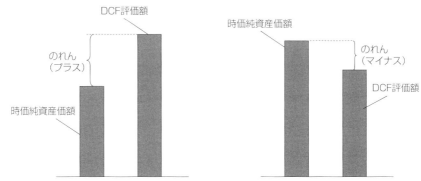

【図表1－4】バリュエーションにおける2つのパターン

---

1　仲介行為は双方代理であり，仲介業者への報酬が買収金額に応じて決まる場合，買収価格の決定においては仲介業者と買い手との間で利益相反が生じることに留意が必要である。
2　上場企業でいえばPBR（株価純資産倍率）が1倍未満の企業がこれに該当する。上場企業でもPBR1倍未満の企業は珍しくない。
3　DCF法の詳細については64頁参照。
4　もっとも，買収後のシナジー効果を織り込めばのれんがマイナスにならないこともある。バリュエーションに際しては，必ずしも過去の実績やスタンドアローンの事業計画を前提とせず，シナジーも含めた買収後の収支見通しを前提とすべきである。

6　第1編　M&A戦略の立案プロセス

　このほか，経営学の世界では，経営者の「思い上がり」，「あせり」なども買収額を払いすぎる要因との研究結果も報告されている[5]。実際，海外企業の買収など，高額な買収事案を見ると，経営者の判断の背景に「思い上がり」や「あせり」があるのではないかと感じられるものも少なくない。

　ここでの「思い上がり」とは，「自分ならターゲット企業の価値を高められるから，高い金額を出しても大丈夫」と，買収企業の経営者が自らの経営手腕を過信して買収額を払いすぎることを意味する。過去にM&Aで成功をおさめた経営者やメディアで賞賛されている経営者，報酬の高い経営者において，そうした傾向が強いとの研究結果がある[6]。

　また，M&Aの実証研究では，買収価格を高く付けるというのは[7]，M&Aによるシナジー効果を過大に見積もっているか，自らのバリュエーション結果が市場株価よりも正しいと考える買収企業経営者の傲慢によるものであり，この経営者の傲慢が買収企業の株価にマイナスの影響を与えているという傲慢仮説（Hubris Hypothesis）も有名であるが[8]，これも「思い上がり」の一種であろう。

　「あせり」とは，経営者が自社の成長をあせるあまり，多少リスクがあっても高い買収額でターゲット企業を買収することを意味する。ある研究によれば，買収企業の過去3年間の成長率が業界の平均成長率を下回っていればいるほど，その企業が買収の時に払うプレミアムが高くなる傾向が報告されている。また，買収企業の過去の成長率（特に直近の成長率）が低いほど，その企業は高いプレミアムを払う傾向があることも明らかにされている[9]。

　高値掴みの代償は，減損損失という形で明るみに出ることとなり，上場企業であれば株価にもネガティブなインパクトとなる。そのため，最近ではオーク

---

5　入山章栄『世界の経営学者はいま何を考えているのか』（英治出版，2012）251頁。
6　さらに，買収企業のCEO（最高経営責任者）が取締役会の議長を兼ねている場合や取締役会に社外取締役が少ない場合には，そのCEOの思い上がりが買収プレミアムを高める効果が特に強くなるという研究結果もある（入山・前掲注（5）257頁）。
7　なお，買収価格が高いということは，買収プレミアムを多く付けるということを意味するが，買収プレミアムの多寡は買い手から売り手への価値移転の問題ともいえる。
8　井上光太郎＝加藤英明『M&Aと株価』（東洋経済新報社，2006）126頁。
9　入山・前掲注（5）259頁。

ションにおいて，投資ファンドと比べると慎重な価格を提示する上場企業は多い。

PMIでの失敗も比較的目に見えやすい。被買収企業の業績を買収前と比較すれば，買収の成果は一目瞭然である。後にも述べるように，日本電産の永守重信会長は「M&Aは2割が交渉，8割がPMI」といっているが[10]，PMIの成否がM&Aの成否を握るといっても過言ではない。PMIにおいては，買収価格の前提として織り込まれているシナジー効果が実現できたかどうかが問われることとなる。その意味では，高値掴みとPMIの失敗は表裏の関係にあるといえる。

一方，高値掴みやPMIの失敗と比べて，戦略上の間違いは表面化しにくいだけに注意が必要である。ターゲット企業がそもそも買うべき会社ではなかったというM&A戦略の失敗（間違い）は，期待したシナジー効果が実現できなかったことで表出する。きちんとPMIに取り組んだにもかかわらずシナジー効果が実現できなかったとすれば，そもそも買収ターゲットとしてふさわしくなかったということになる。

逆にいえば，戦略さえ間違っていなければ，よほどの高値掴みでない限り，そのM&Aを失敗にさせないことは可能である。当初はPMIが難航しても，やがてシナジー効果が実現し投資を回収することができれば，結果的にそのM&Aは失敗にはならない。例えば，1988年のブリヂストンによるファイアストン買収はその好例といえよう。ファイアストン買収は，当初は高値掴みとの批判を浴びたが，今ではブリヂストンといえば，海外M&Aの巧者として称えられる存在となっている。

### 事例1　入札における高値掴みを回避～ファーストリテイリング[11]

2007年7月2日，ユニクロを展開するファーストリテイリングは，米衣料販売大手ジョーンズ・アパレル・グループ（以下「ジョーンズ」）に対し，同社

---

10　2017年11月29日METI-RIETI政策シンポジウムでの講演。
11　日本経済新聞2007年8月10日朝刊。2007年9月30日朝刊。

子会社の米高級百貨店バーニーズ・ニューヨーク（以下「バーニーズ」）を9億ドルで買収する提案を行った。バーニーズを巡っては，すでに同年6月22日にドバイ政府系投資会社イスティスマルがジョーンズと買収金額8億2,500万ドルで基本合意したと発表しており，ファーストリテイリングは後から争奪戦に参戦した形となった。8月3日には，イスティスマルが買収額を9億ドルに引き上げ，同日，ファーストリテイリングも9億5,000万ドル（約1,100億円）の対抗案を提示した。さらに8月8日にはイスティスマルが9億4,230万ドルの対抗案を提示した。実はジョーンズがイスティスマル以外にバーニーズを売却した場合に違約金を支払わなければならない契約が存在しており，その違約金分を加味すると，イスティスマルの対抗案は，ファーストリテイリングの提示額よりも高額となった。

　バーニーズを巡る争奪戦は連日大きく報道され，柳井正社長が率いるファーストリテイリングはとことん獲りに行くだろうと世間は注目していた。ところが，翌8月9日，柳井社長は休暇中のハワイから電話で買収価格を再提示しないことを指示し，ファーストリテイリングはあっさりとバーニーズ買収を断念した。

　ここでの注目は，なぜファーストリテイリングがあっさりと手を引いたかという点である。その点について柳井社長は，「買収価格が取締役会で決めた上限を超えた」からだと説明した。これは，同社のガバナンスが適切に効いていることの証左である。当時，ファーストリテイリングの取締役会は，代表取締役の柳井氏，元ニチメン（現双日）社長の半林亨氏，元ゴールドマン・サックス証券でM&A事業統括を務めた服部暢達氏，元アクセンチュア社長の村山徹氏，元日本オラクル会長の新宅正明氏という5人の取締役で構成されていた。柳井氏を除く4人はいずれも社外取締役であり，当時としては先進的なガバナンス体制が敷かれていた。なお，同社には，さらに専門家など約30人のM&A戦略部隊がいたといわれる。

　バーニーズの当時の営業利益は推定60億円前後。それに対して1,000億円を超える買収金額は高すぎるとの見方が株式市場では強く，買収を表明した7月

第1章　M&A戦略とは　9

5日から1か月間でファーストリテイリングの株価は23％も下落していた。だが，買収の可能性が薄まった8月9日には株価は10％強上昇。買収断念を市場が好感したことが明らかとなった。

### 事例2　度重なる苦難を乗り越えM&Aの評価を挽回〜ブリヂストン

　1988年2月16日，当時世界3位のタイヤメーカーであったブリヂストンは，同4位のファイアストンの全世界のタイヤ事業部門を所有・経営する合弁会社を設立し，その合弁会社の75％を7.5億ドルで取得することを発表した。ところが，その3週間後の3月7日，当時世界5位のタイヤメーカーであったピレリがファイアストンに対し，突然1株58ドル（総額19億3,000万ドル）で敵対的な株式公開買付（TOB）を発表した。それを受けて，ブリヂストンは対抗オファーを出すことを取締役会で決定し，コンサルタント会社による価値算定結果も踏まえて，3月16日に1株80ドル（総額26億ドル。約3,300億円）での友好的TOBを発表した。翌17日，ファイアストン取締役会はブリヂストンのオファーの受け入れを株主に勧めることを決定し，翌18日，ピレリはファイアストン買収を断念することを発表した。ブリヂストンからすれば，当初7.5億ドルでファイアストンのタイヤ事業を手に入れる予定が，結果として3.5倍もの「高値」で買収することになったのである。

　買収後も苦難は続く。ファイアストンの開発力や生産性が想定以上に低く，3年間で15億ドルもの追加投資を余儀なくされたが，それでも1990年のファイアストンは，売上高50億ドル，税引後で3.5億ドルの赤字であった。1991年に海崎洋一郎副社長（当時）がファイアストンのCEOに就任し，2,500人の人員整理や最大の懸案だった労働組合との労働協約改訂を行うなど再建を果たし，1993年にようやく黒字化を達成した。しかし，1993年に海崎氏が本社社長となり日本に帰国すると，再び労使関係が悪化しストライキがたびたび勃発。さらに2000年にはファイアストンで大規模なリコール問題が発生し，一時はチャプターイレブン（米連邦破産法11条）適用を検討するまで追い込まれた。ファイ

10　第1編　M&A戦略の立案プロセス

アストンの業績がようやく改善し，買収が成功だったといえるようになったのは，「2010年以降のこと」(ブリヂストン津谷正明CEO)[12]。10年に経営陣を刷新し，本社と現地の権限について時間をかけて徹底的に話し合い信頼関係を築いたほか，グループの運営体制を見直すなどして，ようやくシナジー効果が出てくるようになったという。

　現在では米国事業は1,300億円以上の経常利益（2017年12月期）を稼ぎ出すまでに成長し，ブリヂストンは世界1位のタイヤメーカーに成長した。20年以上の歳月をかけて，ブリヂストンは，ファイアストン買収は成功だったとの評価を勝ち取ったのだ。

## 3．シリアルM&Aの罠

　M&Aにより売上高を拡大することは容易である。また，赤字企業の買収でなければ，M&Aによって利益額も増加する。連続的なM&Aにより，企業規模が一気に拡大することで，経営者が自らの権勢に陶酔することは珍しくない。そして，ますますM&Aにのめり込んでいき，M&A自体が目的化してしまう──こうした状況を本書では「シリアルM&Aの罠」と呼ぶ。

　シリアルM&Aの罠に嵌ってM&Aを繰り返し，急速に企業規模を拡大して間もなく，経営不振に陥った企業は珍しくない。資金力の乏しい新興企業の場合，多数の中小企業を買収するも，管理が行き届かずに放任して業績が悪化するケースが典型である。資金力のある大企業の場合，海外企業を含む大型買収を行うも，買収した企業をコントロールしきれずに業績が悪化してしまうケースが多い。

　前者については，ライブドアによるニッポン放送への敵対的買収騒動により新興企業によるM&Aに対する関心の高まった2000年代半ば頃，新興市場の上場企業にそうした例が散見された。後述する金型・試作製造のアークや，和装

---

12　週刊東洋経済2014年6月7日。

品販売・美容事業のヤマノホールディングスがその代表例であり，最近では
RIZAPグループがこれに該当する。

　後者については，東芝がその代表例である。東芝は2006年に米原子力発電大
手のウェスチングハウス（WH）を6,000億円超で買収したが，WHは米国での
原発建設コストの急騰や工期の遅れにより巨額の損失を計上し，2017年3月に
は米連邦破産法11条を申請した。東芝はWHの破綻により，総額約1兆2,400億
円もの損失を被ることとなり，2017年3月末時点で5,500億円超の債務超過に
陥った。

## 4．売上規模の拡大と利益率の関係

　M&Aを連続的に行いながら成長を実現していく中で，その成否を測る財務
指標として，筆者は売上高営業利益率を重視している。経常利益では企業の財
務構造や一時的な益出しといった要因も反映されてしまうため，純粋に事業の
収益性を測るには営業利益率がふさわしい。

　一般に，売上高を縮小させて営業利益率を上げることは比較的容易である。
採算性の低い商売を止めれば，売上高は減少するが営業利益はさほど減らない
ため，営業利益率は向上することになる。

　ところが，売上高を拡大しながら，高い営業利益率を維持することは簡単で
はない。売上規模の拡大により，規模の経済が働く一方で，管理コストの増大
や組織構造の複雑化といった負の側面も大きくなることがその要因である。

　なお，神戸大学の三品和広教授によれば[13]，1960年から2000年までの40年間
の日本企業の収益性を分析すると，為替レートを調整した名目売上高は20倍以
上に拡大した一方，営業利益率は11％から3％強まで一貫して下がり続けてい
た。その間の名目売上高と営業利益率の単純相関係数は，－0.894ときれいな
逆相関を示しており，これは，売上高が100億円増加するたびに営業利益率が

---

13　三品和広『戦略不全の論理』（東洋経済新報社，2004）35頁。

12 第1編 M&A戦略の立案プロセス

0.19％下がる勘定となる。こうしてみると，歴史的に日本企業には，売上高の拡大と利益率の低下という体質が染みついているのかもしれない。

M&Aを行えば，売上規模は当然に拡大する。言葉を選ばずに言えば，そのような規模拡大は，誰にでもできる。利益率の維持・向上を伴う成長を実現することが，経営者に託された使命である。

### 事例3　シリアルM&Aの罠に嵌った代表例～アーク

金型・試作製造大手のアークは，2000年代にM&Aを駆使して急成長したものの，間もなく再生状態に陥った企業の代表例である。

同社は，工業用デザインモデル事業（開発支援事業）を軸として，工業用製品の新製品開発における上流から下流までの一連の工程，すなわち企画，デザイン，設計，試作モデル，金型，成形加工および組立工程に至るまでをワンストップで提供する事業（フルラインネットワーク）を全世界規模で展開することを目指し，2000年以降，積極的にM&Aを展開した。その結果，2000年3月期の売上高139億円，子会社数7社の規模から，2007年3月期には子会社数180社，2008年3月期には売上高3,833億円にまで急拡大し，「M&A時代の申し子」ともてはやされた（図表1-5）。買収資金は，高株価を背景に，主として公募増資により調達した。公募増資は，1996年9月から2005年11月まで9回に及び，合計607億円を調達した。

当時，同社が掲げたM&A戦略の最大の特徴は，買収した企業の経営や文化に介入しない「連峰経営」というコンセプトであった。これは，"資金は出すが，口は出さない経営"といわれ注目を浴びた。実質的な創業者である荒木壽一会長（当時）は，「通常のM&Aと異なり，管理手法は簡単。企業文化を変えようとする従来のM&Aを1社行うのと，アーク方式で20社買収するのと労力は同じ」と喝破した[14]。もっとも，買収した会社の経営に介入はしないが，

---

14　日刊工業新聞2006年2月16日。

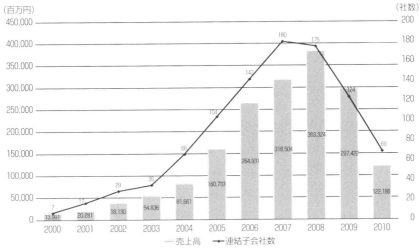

【図表1－5】アークの売上高・子会社数の推移

出所：SPEEDA、公表資料をもとに作成

営業情報や技術情報を共有化することで，全世界をターゲットに3Dデータを駆使したユニークな新製品開発支援企業を目指すとした。

同社の異変は，2006年8月に2007年3月期の経常利益が前期比23％減少するという大幅な業績下方修正を発表したことで表面化した。結局，2007年3月期にのれんや事業資産の減損損失等による特別損失152億円も発生し，117億円もの最終赤字に陥った。これにより，同社はそれまでの成長路線から一転してグループの立て直しに奔走することになる。

立て直しに際して，同社は旗印であった「連峰経営」を修正し，グループ会社の業績管理を強化した。3年連続の赤字で経営陣の交代やグループ会社との統廃合を検討するといった退場ルールも明確化した。また，グループの営業活動の一体化やグループ全社の事業内容，設備をデータベース化するなど，グループの連携を促す仕組みも構築した。

だが，膨れ上がったグループの制御はもはや困難であった。グループ会社の売却・清算を急ピッチで進め，2010年3月期には子会社数をピーク時の半分以

下の69まで減らした。それでも，グループの収益力は低下の一途をたどり，営業利益は50億円の赤字（営業利益率▲4.1％）に陥り，株主資本比率は3.4％にまで落ち込んだ（図表1－6）。

そしてついに，2011年3月31日，企業再生支援機構による経営支援が発表された。支援内容は，企業再生支援機構による第三者割当増資90億円，金融機関による債務の株式化（DES）最大205億円および債権放棄28億円と，大規模なものとなった。同日の会見で，荒木会長兼社長（当時）は子会社の収益管理の甘さを認め，「連峰経営」は間違いであったことを認めた。

その後，順調に再生を果たした同社は，2014年8月にオリックスの傘下に入り，2018年1月には三井化学に買収された。なお，2018年3月期の財務状況は，売上高447億円，営業利益17億円，ROA（総資産利益率）2.47％，株主資本比率64.27％，子会社数は20社であった。

アークの描いた「グローバルにフルラインネットワーク化した新製品開発支援企業」という戦略はユニークで評価に値するものであったが，性急なM&Aと

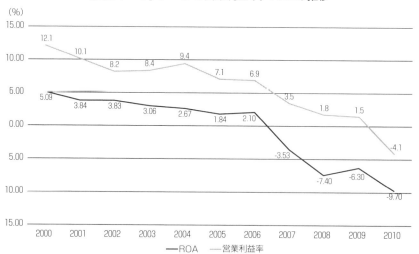

【図表1－6】アークの営業利益率，ROAの推移

出所：SPEEDAをもとに作成

野放しに近い被買収企業の管理のまずさが命取りとなったことは残念であった。

## 5．そもそもM&A戦略とは？

「M&A戦略」というワードは一般によく用いられているが，それが意味するところは使う人によってマチマチである。その定義について学術的に定まったものも見当たらない。本書では，M&A戦略を「経営戦略を実現するため，どのようにM&Aを活用するかを定めた基本方針」と定義する。

このように定義すると，M&A戦略には次の3つの要素が必要となる。

1つ目は，経営戦略との整合性である。経営戦略には，全社戦略（企業戦略）と事業戦略の2つがある。そのため，経営戦略との整合性とは，全社戦略および事業戦略との整合性を意味する。

2つ目は，ターゲット企業の明確な選定基準である。経営戦略を通じて必要となる経営資源やケイパビリティ[15]が特定されるため，M&Aにより，そうした経営資源やケイパビリティを保有している企業をターゲット企業として設定することになる。

3つ目は，M&Aを円滑に遂行するためのマネジメントルールである。具体的には，①実行段階の意思決定ルール，②実行後のモニタリングルール，③M&A推進部署の明確化が重要である。

本編では，第2章でM&A戦略の前提となる経営戦略のセオリーを概観したのち，第3章でM&A戦略の方向性とターゲット企業の選定について，第4章でM&Aのマネジメントルールの構築について解説していく。

---

15　ケイパビリティとは，企業の強みとなる組織的な能力をいう。

【図表1－7】M&A戦略の定義と3要素

# 第2章 M&A戦略の前提となる経営戦略概論

　明確な経営戦略なくして，M&A戦略を作ることはできない。だが，実際には，明確な経営戦略がないのに，M&A戦略を立てようとして苦労している企業は多いのではないだろうか。本章では，M&A戦略の前提となる経営戦略の立案について，改めてそのポイントを整理しておきたい。

## 1．経営戦略のアプローチ

　経営戦略のセオリーには，「儲かりうる市場を選んで，儲かる位置取りをすることが大事だ」とするマイケル・ポーターに代表されるポジショニング派と，「自社の競争上優位な経営資源を磨き上げることが大事だ」とするジェイ・バーニーに代表されるケイパビリティ派の大きく2つのアプローチがある（図表2-1）。その上で，それらを融合したともいえるブルーオーシャン戦略[1]や，「顧客視点で発想し顧客の共感を得ることが大事だ」とするデザイン・シンキング，「不確実な競争環境に柔軟に素早く対応していくことが大事だ」とするリーン・スタートアップに代表される不確実性下のプランニング・アプローチも近年は脚光を浴びている。デザイン・シンキングや不確実性下のプランニングは，テクノロジーの急速な発展により，既存の市場が消失したり，従来の強みが逆に弱みとなる事象も起きるなど，競争環境の不確実性が高まっている中で，投資リスクを最小限に抑えられるというメリットがある。

---

1　「ブルーオーシャン戦略」は，競争のない市場を作り出し，高付加価値と低コストを実現するケイパビリティを創造することを説いた点で，ポジショニング理論とケイパビリティ理論を融合したものともいえる。

18　第1編　M&A戦略の立案プロセス

**【図表2－1】経営戦略のアプローチ**

| アプローチ | 代表的理論，フレームワーク | 切り口 |
|---|---|---|
| ポジショニング理論 | ✓アンゾフの「製品・市場マトリックス」<br>✓ポーターの「5フォース分析」「戦略3類型（コストリーダーシップ戦略，差別化戦略，集中戦略）」「バリューチェーン」<br>✓BCGの「プロダクト・ポートフォリオ・マネジメント（PPM）」<br>✓マッキンゼーの「ビジネス・スクリーン」 | 儲かりうる市場を選んで，儲かる位置取りをすることが大事 |
| ケイパビリティ理論 | ✓バーニーの「リソース・ベースト・ビュー（RBV）」<br>✓マッキンゼーの「7S」．<br>✓ハメルとプラハラードの「コア・コンピタンス」 | 自社の競争上優位な経営資源を磨き上げることが大事 |
| ポジショニングとケイパビリティの統合 | ✓キムとモボルニュの「ブルーオーシャン戦略」 | 競争のない新しい市場の創出とそれを実現する経営資源の創造が大事 |
| デザイン・シンキング | ✓IDEOの「5つの循環的ステップ」 | 顧客視点で発想し顧客の共感を得ることが大事 |
| 不確実性下のプランニング | ✓リアル・オプション<br>✓シナリオ・プランニング<br>✓ブランクとリースの「リーン・スタートアップ」 | 不確実な競争環境に柔軟に素早く対応していくことが大事 |

　このように，経営戦略を立てるにあたっては様々なアプローチがあるが，どの企業にもあてはまる唯一のアプローチがあるわけではない。多様なアプローチの中からどのように最適な戦略を導き出すかは戦略立案において最も難しい課題であり，それが「戦略はアート（直感）である」といわれるゆえんでもある。

　その点，ヘンリー・ミンツバーグに代表されるマギル大学の一派は，企業の置かれている状況により適した戦略は変わるというコンフィグレーション・アプローチを提唱している。例えば，企業の状況を，発展段階，安定段階，適応段階，模索段階，革命段階に分け，発展期ではポジショニング重視，安定期にはケイパビリティ重視というように，戦略や組織のあり方を類型化している（図表2－2）。

## 【図表2−2】企業のステージと戦略

| ステージ | 行動パターン | 戦略アプローチ |
|---|---|---|
| 発展段階 | 人材リクルート，システム構築，戦略的ポジションの基礎強化等 | ポジショニング |
| 安定段階 | 戦略と組織構造の微調整等 | ケイパビリティ |
| 適応段階 | 組織構造と戦略的ポジションの最低限の変更 | ケイパビリティ |
| 模索段階 | 混乱，絶え間ない変化，または実験によって新たな方向性を探索 | ラーニング |
| 革命段階 | 多くの特性が同時に変化する急速なトランスフォーメーション | アントレプレナー |

出所：ヘンリー・ミンツバーグほか著，齋藤嘉則監訳『戦略サファリ（第2版）』（東洋経済新報社，2012）をもとに作成

　また，早稲田大学の入山章栄教授の提唱する「競争戦略と競争の型の関係」も，戦略立案のアプローチを考える上で示唆に富む（図表2−3）[2]。それによれば，「競争の型」には以下の3つがあり，それぞれの型に適した競争戦略理論が異なることを説明している。

### ① IO（Industrial Organization：産業組織）型

　業界構造が比較的安定した状態で，その構造要因が企業の収益性に大きく影響する業界を指す。このタイプの業界では，一部の企業による寡占化が進むほど収益性が高まるため，ポジショニング理論（SCP戦略[3]）が有効である。鉄鋼業界，ビール業界，石油業界等，大手企業による寡占化が進んだ業界があてはまる。新規参入をいかに阻むか，競合他社とどのようにポジショニングの違いを出すか，といった点が戦略上重要となる。

---

2　入山章栄『ビジネススクールでは学べない世界最先端の経営学』（日経BP社，2015）49頁。「競争の3つの型」は，ジェイ・バーニーが1986年に発表した論文に基づく。

3　SCP（Structure-Conduct-Preformance）戦略とは，マイケル・ポーターが中心となって発展させたポジショニング戦略を指す。

## ② チェンバレン型

　IO型よりも参入障壁が低く，複数の企業が差異化をしながら激しく競争する業界を指す。このタイプの業界では，差異化された製品・サービスを提供することが競争を勝ち抜くカギであり，経営資源に注目するケイパビリティ理論（RBV戦略）が有効である。

## ③ シュンペーター型

　「技術進歩のスピードが極端に速い」「新しい市場で顧客ニーズがとても変化しやすい」といった競争環境の不確実性が高い業界を指す。ネットビジネスを中心としたIT業界がその典型。このタイプの業界では，リアル・オプションやリーン・スタートアップなど不確実性下のプランニングが有効である。

### 【図表2-3】競争戦略と「競争の型」の関係

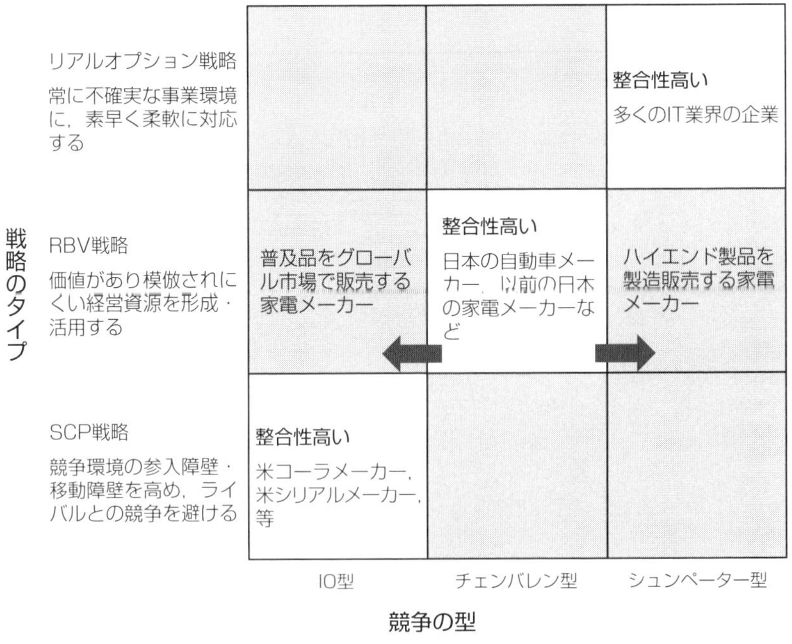

| 戦略のタイプ | IO型 | チェンバレン型 | シュンペーター型 |
|---|---|---|---|
| **リアルオプション戦略**<br>常に不確実な事業環境に，素早く柔軟に対応する | | | **整合性高い**<br>多くのIT業界の企業 |
| **RBV戦略**<br>価値があり模倣されにくい経営資源を形成・活用する | 普及品をグローバル市場で販売する家電メーカー | **整合性高い**<br>日本の自動車メーカー，以前の日本の家電メーカーなど | ハイエンド製品を製造販売する家電メーカー |
| **SCP戦略**<br>競争環境の参入障壁・移動障壁を高め，ライバルとの競争を避ける | **整合性高い**<br>米コーラメーカー，米シリアルメーカー，等 | | |

競争の型

注：網かけ部分は，競争の型と重視すべき戦略がマッチしていない（整合性が低い）。
出所：入山章栄『ビジネススクールでは学べない世界最先端の経営学』（日経BP社，2015）

## 2．戦略立案の基本プロセス

どのアプローチをとるにせよ，経営戦略の立案に際しては，企業を取り巻く外部環境分析と自社の経営資源に関する内部分析は必須である。それらを整理する際には，古典的であるが，外部環境の機会・脅威，自社の強み・弱みを整理するSWOT分析を活用することが一般的である[4]。ただし，SWOT分析は，強み・弱み・機会・脅威という4要素を整理すれば，自動的に戦略が導かれるというツールではない。SWOT分析の活用に際して重要なことは，自社の戦略がどのように①自社の強みを活かし，②弱みを回避もしくは克服し，③外部環境の機会を捉え，④脅威を無力化しうるのかを検討することである[5]。

SWOT分析を踏まえ，前述のいずれかの戦略アプローチを用いて戦略オプションを抽出し，採用すべきオプションを選定する。

【図表2－4】基本的な戦略策定プロセス

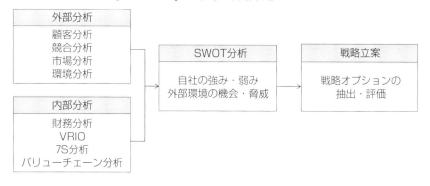

---

[4] 著名な経営思想家であるマギル大学教授ミンツバーグは著書『戦略サファリ』において，SWOT分析を戦略作成の基本モデルとして取り上げている。さらに，ミンツバーグは，SWOT分析に"経営者の価値観"と"企業の社会的責任"という要素を追加し，戦略立案においてこれらを重視することを提唱している。
[5] ジェイ・バーニー著，岡田正大訳『企業戦略論（上）』（ダイヤモンド社，2003）50頁。

22 第1編 M&A戦略の立案プロセス

# 3. 外部分析のフレームワーク

外部環境の機会・脅威を抽出するためのフレームワークには，以下のような
ものがある。古典的なものが多いが，実務上は今なお有用であるため，改めて
紹介しておく。

## (1) アーカーの外部分析フレーム

カリフォルニア大学教授のアーカーは，外部分析の目的を，「現在および将
来にわたる機会と脅威を認識すること」「戦略に影響しうる事業面および環境
面の不確実性を認識すること」であるとし，外部分析を①顧客分析，②競合分
析，③市場分析，④環境分析の4つの要素で構成している（図表2－5）[6]。
このフレームには特段の名称はないが，外部環境を整理する上では最も重要な
要素である顧客にもフォーカスを当てながら，短期的な市場や競合の動向だけ
でなく，中長期的なトレンドである環境分析も網羅している点で有用性が高い。

【図表2－5】アーカーの外部分析フレーム

| | 着眼点 | 分析の切り口 |
|---|---|---|
| 顧客分析 | セグメンテーション | 最大の顧客層，最も収益性の高い顧客，変数（便益，利用頻度，用途，組織タイプ，地理，価格，顧客ロイヤリティ） |
| | 顧客の購買動機 | 顧客が最も価値を置く要素，顧客の目的，セグメントによる購買動機の違い，顧客動機の変化 |
| | 未充足ニーズ | 顧客の不満足の理由，顧客トラブルの重大さと発生率，認識されている／認識されていない未充足ニーズ |
| 競合分析 | 競合相手の識別 | 既存の競合相手，潜在的な競合相手と参入障壁，戦略グループ |
| | 競合相手の評価 | 規模，成長性，収益性，イメージとポジショニング，目標，戦略，組織と文化，コスト構造，撤退障壁，強みと弱み |
| 市場分析 | 規模と成長性 | 重要な下位市場とその規模および成長上の特徴，衰退している下位市場，販売トレンドの背後にある力 |
| | 収益性 | 収益率を引き下げる力，競争状況，新規参入と代替品の脅威，供給者と顧客の交渉力，収益見通し |

第2章　M&A戦略の前提となる経営戦略概論　23

| | コスト構造 | さまざまなタイプの競合相手について主要なコストと付加価値の構成要素 |
|---|---|---|
| | 流通システム | 流通チャネルの選択肢，変化 |
| | 市場のトレンド | 市場の変化とその背景 |
| | 主要成功要因 | 競争に打ち勝つのに必要な主要成功要因・資産・能力，将来の変化 |
| 環境分析 | 技術 | 既存技術の成熟度，技術的進展の影響 |
| | 政府の規制 | 規制の変更，税制等の優遇措置，リスク |
| | 経済 | 操業している国の経済状況とインフレ率 |
| | 文化 | ライフスタイル，ファッション等の文化的要素のトレンド |
| | 人口動態 | 人口動態トレンドが産業と下位市場に与える影響 |

出所：デービッド・アーカー著，今枝昌宏訳『戦略立案ハンドブック』（東洋経済新報社，2002）をもとに作成

## (2) PEST分析

　PESTとは，Politics（政治），Economy（経済）もしくはEthical（倫理）もしくはEnvironmental（環境），Society（社会），Technology（技術）を指し，PEST分析はマクロ環境分析の切り口として用いられる。アーカーの環境分析に該当するフレームワークである（図表2－6）。

### 【図表2－6】PEST分析

| | 主な着眼点 |
|---|---|
| Political（政治的要因） | 国際間の政治状況変化，国内市場の変化，諸外国の政治状況の変化 |
| Economic（経済的要因） | 調達，生産，販売，投資など企業活動へ与える影響 |
| Ethical（倫理への対応） | 多様なステークホルダーから求められるビジネス倫理 |
| Environmental（環境への対応） | 調達・販売先への対応，社会全般への対応 |
| Social（社会的要因） | 人口動態の変化や消費者ニーズの変化 |
| Technological（技術的要因） | 基盤技術の技術革新，競合企業の技術革新，取引先の技術革新 |

出所：新田真三ほか『中期経営計画戦略プランニング』（日本能率協会マネジメントセンター，2003）をもとに作成

---

6　デービッド・アーカー著，今枝昌宏訳『戦略立案ハンドブック』（東洋経済新報社，2002）38頁。

## (3) 5フォース分析

ポーターが開発した5フォース分析は，市場の収益性や業界を取り巻く脅威を分析するのに有用である。5つの競争要因（Five Forces）とは，①新規参入の脅威，②既存企業間の競争，③代替品の脅威，④供給者の交渉力，⑤顧客の交渉力の5つである（図表2－7）。これらの競争要因が，市場の収益性に影響を与える。また，この5つの観点から，脅威が生じやすい状況を想定することができる（図表2－8）。

**【図表2－7】 5つの競争要因**

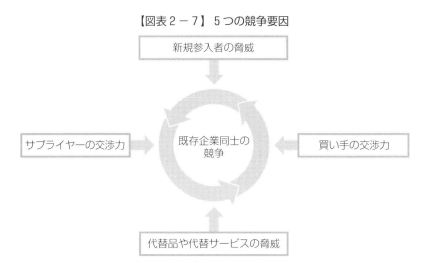

出所：マイケル・ポーター著，竹内弘高監訳『[新版] 競争戦略論Ⅰ』（ダイヤモンド社，2018）

## (4) 機会のフレームワーク

バーニーは，機会を分析するフレームワークとして，8つの業界構造にみられる機会をまとめている（図表2－9）[7]。自社が属する業界構造が特定できれば，戦略を立てる際の一助となろう。

---

7 バーニー・前掲注（5）170頁。

第2章　M&A戦略の前提となる経営戦略概論　　25

## 【図表2－8】脅威の特徴

| 競争要因 | 脅威が大きい業界の特徴 |
|---|---|
| 新規参入 | ✓最適な生産規模の範囲が広い（参入コストよりも参入によって得られる利益が大きい）<br>✓既存製品のブランド認知と顧客ロイヤリティが高くない<br>✓既存企業に，規模と無関係なコスト優位があまりない（独自の占有技術，ノウハウ，原材料への有利なアクセス，有利な地理的ロケーション，学習曲線によるコスト優位）<br>✓既存企業が意図的な抑止行動をとらない<br>✓政府による参入規制がない |
| 競合 | ✓競合企業が多数存在する<br>✓それぞれの競合企業が同規模で，市場への影響力も同程度である<br>✓業界の市場成長率が低い<br>✓製品差別化が難しい<br>✓生産能力の増強単位が大きい |
| 代替品 | ✓既存製品と比べて，代替品のコストパフォーマンスがよい<br>✓顧客のスイッチングコストが低い |
| 供給者<br>（サプライヤー） | ✓供給者の業界が少数の企業で支配されている<br>✓供給者の販売する製品がユニークか，あるいは高度に差別化されている<br>✓供給者が代替の脅威にさらされていない<br>✓供給者が前方向への垂直統合をするおそれがある<br>✓供給者にとって自社が重要な顧客ではない |
| 購入者<br>（顧客） | ✓購入者が少数しかいない<br>✓購入者に販売される製品は差別化されておらず，標準品である<br>✓購入者に販売される製品価格が，購入者の最終コストに占める大きな割合となっている<br>✓購入者が高い経済的利益を得ていない<br>✓購入者が後方垂直統合をするおそれがある |

出所：ジェイ・バーニー著，岡田正大訳『企業戦略論（上）』（ダイヤモンド社，2003）をもとに作成

26　第1編　M&A戦略の立案プロセス

**【図表2－9】業界構造と外部環境における機会**

| 業界構造 | さまざまな機会 |
|---|---|
| 市場分散型業界 | 集約・統合<br>　新しい規模の経済を発見<br>　所有構造を転換 |
| 新興業界 | 先行者優位<br>　技術的リーダーシップ<br>　戦略的に価値のある経営資源の先制確保<br>　顧客のスイッチング・コストの確立 |
| 成熟業界 | 製品改良<br>サービス品質への投資<br>プロセス革新 |
| 衰退業界 | リーダーシップ戦略<br>ニッチ戦略<br>収穫戦略<br>撤退戦略 |
| 国際業界 | マルチナショナルな機会<br>グローバルな機会<br>トランスナショナルな機会 |
| ネットワーク型業界 | 先行者優位と勝者総取り戦略 |
| 超競争業界 | 柔軟性<br>先制破壊 |
| コアなし業界 | 談合<br>政府規制<br>高度な製品差別化<br>需要マネジメント |

出所：ジェイ・バーニー著，岡田正大訳『企業戦略論（上）』（ダイヤモンド社，2003）

## 4．内部分析のフレームワーク

　自社の強み・弱みを分析するためのフレームワークには，以下のようなものがある。これらも古典的なものであるが，実務上の有用性を鑑み，改めておさらいしておく。

## (1) 財務分析

財務分析は，ROE（株主資本利益率）ツリーのフレームワークを活用し，収益性と効率性を分析することが基本である（図表2-10）。分析に際しては，時系列の変化（できれば5～10年）と，ベンチマークとの比較が重要である。全社レベルだけでなく，事業部門別の分析も必須である。時系列分析においては，気になる財務指標について，トレンドとその背景を分析することが重要である。ベンチマークとの比較においては，劣位にある指標について，その原因を分析することが必要である。

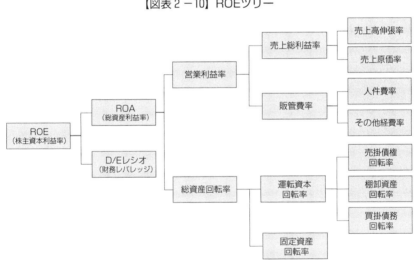

【図表2-10】ROEツリー

## (2) VRIOフレームワーク

「リソース・ベースト・ビュー」の大家であるバーニーによるVRIOフレームワークは，持続的な競争優位の源泉となる経営資源の判断基準として，①経済価値（Value），②稀少性（Rarity），③模倣困難性（Inimitability），④組織（Organization）の4つで構成されている（図表2-11）。経済価値は，「その企業が外部環境における脅威や機会に適応することを可能にするか」あるいは

28　第1編　M&A戦略の立案プロセス

「顧客にとって価値があるのか」を意味する。稀少性は，「その経営資源を現在保有している競合企業はごく少数か」あるいは「その経営資源は他社には手に入れにくいのか」を意味する。模倣困難性は，「その経営資源を獲得あるいは開発する際にコスト上の不利に直面するか」あるいは「その経営資源は真似しづらいものか」を意味する。組織は「その経営資源を活用するために組織的な方針や手続きが整っているか」あるいは「各資源を有効に活用できる組織か」を意味する。経営資源の強み・弱みを分析するのに有用なフレームワークである。

【図表2－11】VRIOフレームワーク

| 経済価値（Value） | 顧客にとって価値があるのか |
| --- | --- |
| 稀少性（Rarity） | 他社には手に入れにくいのか |
| 模倣困難性（Inimitability） | 真似しづらいものか |
| 組織（Organization） | 各資源を有効に活用できる組織か |

出所：三谷宏治『経営戦略全史』（ディスカヴァー・トゥエンティワン，2013）をもとに作成

## (3)　7Sモデル

マッキンゼーによる7Sモデルとは，企業の経営資源を，①戦略（Strategy），②組織構造（Structure），③システム（Systems），④人材（Staff），⑤スキル（Skills），⑥経営スタイル（Style），⑦共通の価値観（Shared Values）の7つの観点で整理するフレームワークである（図表2－12）。①～③をハードの3S，④～⑦をソフトの4Sといい，一般にハードの3Sは変えやすいが，ソフトの4Sは変わりにくいといわれる。そのため，企業変革は，まずはハードの3Sから変えていき，その後ソフトの4Sを変えるというステップを意識する

**【図表2−12】 7Sモデル**

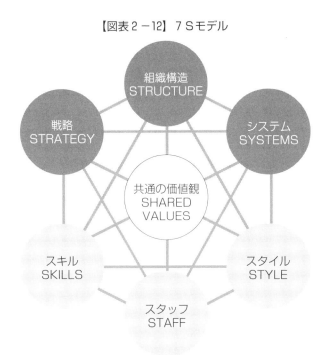

出所:トム・ピーターズ=R. H. ウォーターマン著,大前研一訳『エクセレント・カンパニー』(講談社,1983)をもとに作成

ことが定石である。

### (4) バリューチェーン分析

ポーターのバリューチェーンモデルも,企業の競争優位を生じさせる可能性のある経営資源やケイパビリティを特定する上で有用なフレームワークである(図表2−13)。バリューチェーンとは,企業が行う活動を,技術的あるいは経済的な特徴によって分類したものである。バリューチェーンにおける各活動は「価値活動」という[8]。価値活動は,9つの基本的なカテゴリーからなり,主要

---

[8] マイケル・ポーター著,竹内弘高監訳『[新版] 競争戦略論Ⅰ』(ダイヤモンド社,2018) 149頁。

30 第1編 M&A戦略の立案プロセス

**【図表2-13】バリューチェーンの基本構造**

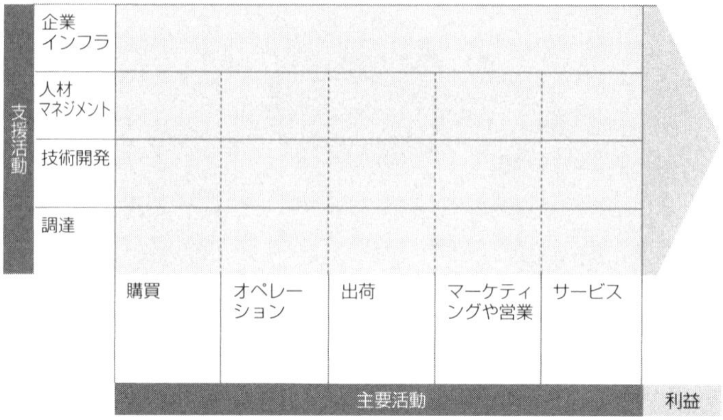

| 支援活動 | 企業インフラ | | | | | |
|---|---|---|---|---|---|---|
| | 人材マネジメント | | | | | |
| | 技術開発 | | | | | |
| | 調達 | | | | | |
| | | 購買 | オペレーション | 出荷 | マーケティングや営業 | サービス |
| | | 主要活動 | | | | 利益 |

出所：マイケル・ポーター著，竹内弘高監訳『[新版] 競争戦略論Ⅰ』（ダイヤモンド社，2018）

活動に分類される5つの活動は購買からサービスに至る商品・サービスを提供する一連の直接部門における活動である。支援活動に分類される4つの活動は，主要活動を支えるインフラやバックオフィス的な間接部門における活動である。これらの活動の質や活動間の連動性が，企業の強み・弱みの分析対象となる。このフレームワークは，自社の分析のみならず，競合他社の分析にも活用できる。

### (5) 強み・弱みのチェックリスト

アーカーは，競合分析において競合相手の強みと弱みを持ちうる領域についてのチェックリストを示しているが[9]，これは自社の強みと弱みを分析する際の切り口としても有用である（図表2-14）。このチェックリストは，「革新性」「製造」「財務」「経営」「マーケティング」「顧客ベース」の6つのカテゴリーからなる。「革新性」は，主に革新的な製品・サービスを生み出す能力やプロセスが評価の切り口となる。「製造」は，製造にかかる持続可能なコスト優位の源泉が評価の切り口となる。「財務」は，短期的あるいは長期的に資金を生

---

9 アーカー・前掲注（6）106頁。

## 【図表 2 −14】 強みと弱みの分析

**革新性**
- 製品技術力あるいはサービスの優秀さ
- 新製品開発
- 研究開発
- 技術
- 特許

**製造**
- コスト構造
- 生産活動の柔軟性
- 設備
- 原材料へのアクセス
- 垂直統合
- 従業員の態度とモチベーション
- 生産（処理）能力

**財務−資本へのアクセス**
- 営業活動からの資金
- 買掛等による資金
- 負債や新株発行による資金調達能力
- 親会社の資金供給意欲

**経営**
- トップ経営者と中間管理職の質
- 事業に関する知識
- 文化
- 戦略的目標とプラン
- 起業家的主眼
- プランニング／オペレーション・システム
- 忠誠心−離職率
- 戦略的意思決定の質

**マーケティング**
- 製品品質に関する評判
- 製品特性／差別化点
- ブランド認知
- 製品ラインの広範さ−販売システムとしての能力
- 顧客指向
- セグメンテーション／集中
- 流通
- 小売との関係
- 広告／宣伝スキル
- 販売員
- 顧客サービス／製品サポート

**顧客ベース**
- 規模とロイヤリティ
- 市場シェア
- 参入しているセグメントの成長率

出所：デービッド・アーカー著，今枝昌宏訳『戦略立案ハンドブック』（東洋経済新報社，2002）

み出す，あるいは調達する能力が評価の切り口となる。「経営」は，マネジメントの質やシステム，能力が評価の切り口となる。企業文化や中間管理職層の厚み，従業員のロイヤリティも含めた幅広い観点での評価が重要である。「マーケティング」は，製品ラインやセグメンテーション，流通構造，広告，販売員の質，顧客サービスなど，幅広い観点からマーケティング能力やシステムの優位性を評価する。「顧客ベース」は，顧客基盤の規模やロイヤリティの高さ，市場シェアや成長率など，顧客資源の優位性を評価するものである。

32　第1編　M&A戦略の立案プロセス

# 第3章　経営戦略からM&A戦略への落とし込み

　「経営戦略に基づいてM&A戦略を構築すべき」とよくいわれるものの，実際どのように経営戦略とM&A戦略をつなげていくべきであろうか。本章では，経営戦略をM&A戦略へ落とし込んでいく際のポイントについて解説する。

## 1.　経営戦略からM&A戦略への落とし込みプロセス

　経営戦略からM&A戦略への落とし込みは，図表3－1のような流れになる。まずは，全社の事業ポートフォリオをどのようにするかという全社戦略（企業戦略）があり，それに基づき事業単位での事業戦略が作られる。事業戦略においては，競争を勝ち抜くための戦略が構想されるわけだが，その戦略を実現するために強化すべき経営資源を明確にすることが必要である。

　そして，事業戦略に基づき，特定の経営資源や市場でのポジショニングを獲得するために，どのような手段を用いるのかを決めるのが，「参入戦略の選択」である。参入戦略には，内部開発や買収，戦略的提携など，いくつかの選択肢があり，目的に応じて，どの方法を用いるべきかを検討することとなる（図表3－6）。必ずしも内部開発がよいとは限らないし，買収が最も優れているとも限らない。事業戦略に応じて多面的な検討が必要であり，その上でベストな方法が選択される。

　参入戦略の検討の結果，M&A（「買収」や「戦略的提携」）を選択した場合，具体的なM&A戦略に落とし込んでいくこととなる。後述するM&A戦略の15類型を参考に，自社なりのM&A戦略の方向性とターゲット企業の選定基準を明確化していく。合わせて，M&Aを円滑に進めていくためのマネジメント

第3章 経営戦略からM&A戦略への落とし込み 33

ルールが明確でなければ，そうしたルールを取り決めることも重要である。

**【図表3－1】経営戦略からM&A戦略への落とし込みプロセス**

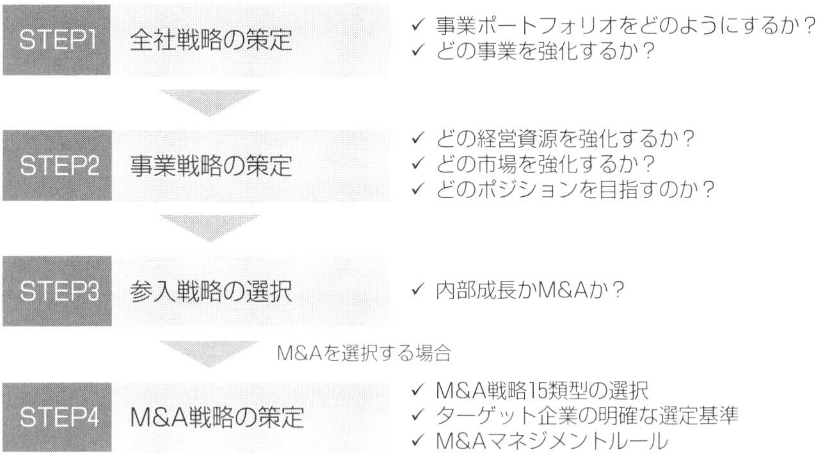

| STEP1 | 全社戦略の策定 | ✓ 事業ポートフォリオをどのようにするか？<br>✓ どの事業を強化するか？ |
|---|---|---|
| STEP2 | 事業戦略の策定 | ✓ どの経営資源を強化するか？<br>✓ どの市場を強化するか？<br>✓ どのポジションを目指すのか？ |
| STEP3 | 参入戦略の選択 | ✓ 内部成長かM&Aか？ |

M&Aを選択する場合

| STEP4 | M&A戦略の策定 | ✓ M&A戦略15類型の選択<br>✓ ターゲット企業の明確な選定基準<br>✓ M&Aマネジメントルール |
|---|---|---|

## 2．M&A戦略の前提となる全社戦略

　全社戦略とは，事業ポートフォリオをどのようにしていくか，つまり，どの事業を伸ばして会社を成長させていくか（事業の縮小・撤退も含む）を決めることである。

　成長について，著名な経営学者ピーター・ドラッカーは次のように述べている。

　「成長は，事業の成功によって自動的にもたらされるものではない。成長は不連続である。ある段階で自らを変えなければならない。」[1]

　これは，企業が成長を持続させるには，意図的に事業構造を転換しなければならないということを意味している。製品およびその集合体である事業には，

---

1　ピーター・ドラッカー著，上田惇生編訳『マネジメント（エッセンシャル版）』（ダイヤモンド社，2001）。

誕生期→成長期→成熟期→衰退期というライフサイクルがある。市場環境が変化する中で，基本的には特定の製品や事業が永久に成長し続けるということはありえない。単一の事業しか行っていない企業は，事業の衰退とともに企業も衰退し，やがて消滅することになる。そのため，永続的に企業として存在しようと思えば，遅くとも成熟期を迎えた時点で新たな成長分野を模索し，事業構造を転換しなければならない。これこそが，全社戦略の要諦といえよう。

事業ポートフォリオの方向性と今後伸ばすべき事業を明確にすることが，全社戦略レベルのM&A戦略の前提となる。事業ポートフォリオの方向性を示すイメージとしては，事業セグメントごとの売上や利益の割合を，将来どのような割合に変えていくかを表すと分かりやすい（図表3－2）。

【図表3－2】事業ポートフォリオの方向性のイメージ

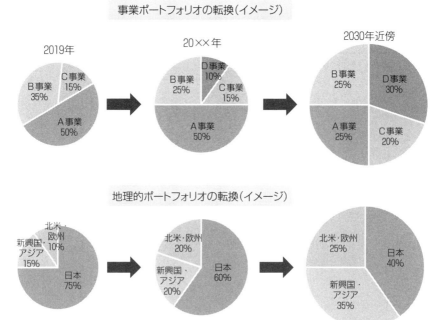

## 3．成長戦略の選択肢

　イゴール・アンゾフの製品・市場マトリックスは，大まかな成長戦略の選択肢を検討するのに有用である。製品・市場マトリックスによる戦略オプションは，大きく5つに分けられる。既存市場でのシェア拡大を目指すのか（市場浸透戦略），新市場へ進出するのか（新市場開拓戦略），製品ラインナップを拡大するのか（新製品開発戦略），垂直統合して付加価値を向上させるのか（垂直統合戦略），新たな事業分野に進出するのか（多角化戦略）の5つである。

　市場浸透戦略とは，既存の製品を用いて既存の市場をより深掘りしていく戦略である。市場シェアの拡大や既存顧客による製品使用量の増加を狙いにいくため，取扱製品の継続的な更新，価格ダウン，継続的な広告宣伝，ブランド・リニューアル，既存製品の新たな用途開発などが打ち手として考えられる。

　新市場開拓戦略とは，既存の製品を用いて新たな市場を開拓していく戦略である。基本的には，新たな地域への進出や新たな顧客セグメントへの拡販を目指すものである。新たな顧客セグメントの切り口としては，消費者特性（地理的，人口統計的，心理的特性）や製品への消費者の反応（行動的特性）などから設定される[2]。

　新製品開発戦略とは，新規の製品を用いて既存の市場で成長を実現する戦略である。一般には，製品特性の追加，製品ラインナップの拡充，新技術開発などがその打ち手となる。新製品開発にあたっては，既存の流通，マーケティング，ブランド認知，開発，生産などの面でシナジー効果があることが重要とされる。

　垂直統合戦略とは，バリューチェーンにおける川上もしくは川下に事業領域を拡大していく戦略をいう。川下分野に進出し，最終顧客と直接接触する方向に進むことを前方統合といい，仕入先（供給元）の業界に進出していくことを

---

2　詳細は，第7章164頁参照。

後方統合という。前方統合は，製品の販路拡大や収益性の高い川下事業の取り込み，統合ソリューションの提供，ビッグデータの取得といった目的で行われる。一方，後方統合は，原材料やキーコンポーネンツへのアクセス，品質コントロール，技術の取り込みといった目的で行われる。

多角化戦略は，事業ポートフォリオを拡げていくことから，主として全社戦略での選択肢となる。多角化戦略とは，新規の製品を用いて新規の市場を開拓していく戦略であり，新事業の既存事業との関連性により，関連多角化と非関連多角化に分類することができる。

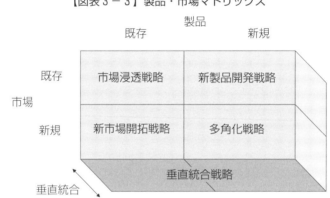

【図表3－3】製品・市場マトリックス

出所：デービッド・アーカー著，今枝昌宏訳『戦略立案ハンドブック』（東洋経済新報社，2002）をもとに作成

## 4．事業戦略の方向性の明確化

事業戦略とは，どのように競争に勝ち，事業を成長させていくのか，その作戦を明確化することである。前章で述べたように，事業戦略は，ポジショニング・アプローチやケイパビリティ・アプローチなど様々なアプローチから導かれるものであるが，事業戦略の方向性を定めるには，以下の3つの問いに答えられれば良い。

| | (1) | どのケイパビリティを強化したいのか？ |
|---|---|---|
| | (2) | どの製品・商品を強化したいのか？ |
| | (3) | どの市場（顧客層・エリア）を強化したいのか？ |

　この切り口から，事業戦略の方向性を整理するツールがCPMマトリックスである（図表3－4）。CPMマトリックスとは，事業もしくはバリューチェーンごとに，ケイパビリティ（Capability），製品・サービス（Product），市場（Market）の観点から，現状と強化すべき課題を一覧化したものである。これにより，事業戦略における注力ポイントを見える化できる。

　図表3－5は自動車ディーラーによる全社レベルのCPMマトリックの事例である。CPMの切り口で，事業ごとの現状と今後注力したい分野を整理し，後述する参入戦略としてM&A（提携含む）も選択肢に入る分野を整理したイメージである。この図にある「戦略の方向性」は，製品・市場マトリックスに基づく戦略の方向性を示したものであるが，「多角化（新規）」は新規事業として今後進出する事業分野を意味している。なお，新規事業分野における「キー・ケイパビリティ」は，既存のキー・ケイパビリティのうち，当該分野に適用できると想定できるものを記載したものである。

## 【図表3－4】CPMマトリックス

| バリューチェーン | 開発 | 調達 | 製造 | 流通 | 販売 | サービス |
|---|---|---|---|---|---|---|
| ケイパビリティ（C） | ・研究開発<br>・製品開発<br>・知的財産権 | ・調達力，ルート<br>・購買管理<br>・在庫管理 | ・生産技術，工程<br>・生産設備，拠点<br>・生産管理<br>・品質保証 | ・流通チャネル<br>・物流管理<br>・物流拠点 | ・ブランド<br>・顧客基盤，販路<br>・顧客管理<br>・マーケティング | ・サービス拠点<br>・サービス対応力<br>・販売店支援 |
| 製品・サービス（P） | ・開発テーマ | ・原材料<br>・資材，部品 | ・生産品目 | ・物流形態<br>（自社,外注） | ・販売品目 | ・提供サービス |
| 市場（M）<br>（価格帯・顧客・エリア） | ・想定顧客 | ・仕入先<br>・外注先<br>・調達エリア | ・製造エリア | ・物流業者<br>・代理店 | ・価格帯<br>・主要顧客<br>・販売エリア | ・サービスエリア |

38　第1編　M&A戦略の立案プロセス

**【図表3-5】CPMマトリックスの活用例**

| セグメント | | モビリティ事業 | | | | アセット事業 | | レジャー事業 | |
|---|---|---|---|---|---|---|---|---|---|
| 事業名 | | 新車販売 | サービス | リース | タクシー | マンション | オフィスビル | ホテル | 外食 |
| 戦略の方向性 | | 新製品開発 | 新製品開発垂直統合 | 新市場開拓 | 多角化（新規） | 多角化（新規） | 多角化（新規） | 多角化（新規） | 多角化（新規） |
| キー・ケイパビリティ（C） | | ・販売力，店舗運営力 ・地域での顧客基盤，ブランド力 ・好立地の店舗 | | | ・地域での顧客基盤，ブランド力を活用 | ・好立地店舗の活用 | | ・好立地店舗の活用 ・店舗運営力の活用 | |
| 製品（P） | 現状 | ・ホンダ ・スズキ | ・メンテナンス | ・カーリース ・レンタカー | — | — | — | — | — |
| | 今後注力 | ・トヨタ ・輸入車 | ・鈑金塗装 ・エネルギー供給 | ・シェアリング | ・シェアリング | ・高齢者向けマンション | ・シェアオフィス ・区分所有 | ・都市型観光ホテル | ・カジュアルレストラン |
| 市場（M），エリア，顧客層 | 現状 | ・XXX県 | 同左 | 同左 | — | — | — | — | — |
| | 今後注力 | ・首都圏全域 | ・首都圏全域 | ・首都圏全域 | ・XXX県 | ・XXX県 ・高齢者 | ・XXX県 ・大企業，ベンチャー企業 | ・XXX県 ・旅行者 | ・XXX県 ・ファミリー層 ・旅行者 |
| 事業戦略 | | 新たなチャネル獲得による事業拡大 | メンテナンス需要を広く捕捉するためのラインナップ充実 | MaaS対応も視野に入れ，大手企業との提携も模索 | 上質なサービスでの差異化（内部開発），MaaS対応を視野 | 差異化による高齢者住宅需要の取り込み | シェアオフィス企業との提携も視野 | 外国人を含む旅行者の取り込み。有力ブランドの運営委託契約も視野 | まずはM&Aもしくは有力FC加盟でノウハウ吸収後，自社ブランド展開 |
| M&A対象 | | ○ | ○ | ○ | ○ | | △ | △ | ○ |

## 5．参入戦略の選択

　事業戦略における注力分野を明確化したら，次に，どのようにそれを実現するかを検討することが必要である。必ずしも「M&Aありき」ではなく，内部開発や戦略的提携，ライセンスの活用など，多面的な検討が重要である（図表3-6）。

　内部開発のメリットは，既存資源を活用して，自社の特性に合わせた開発ができる点にある。自社のコア技術を生かした商品開発などには有利である。一方，開発には時間がかかる上，製品化や競争優位性の発揮という点で成果が出

第3章　経営戦略からM&A戦略への落とし込み　39

## 【図表3－6】参入戦略の選択肢

| 参入戦略 | メリット | デメリット |
|---|---|---|
| 内部開発 | ・既存資源を使用できる<br>・自社の特性に合わせた開発が可能 | ・時間がかかる<br>・成果が出るか不明確 |
| ヘッドハンティング | ・低コストでの新市場参入が可能 | ・限定的な人材の獲得では事業化が困難 |
| 買収 | ・時間を節約できる<br>・参入障壁を克服できる | ・高値摑みのリスク<br>・必ずしも必要でない資源もついてくる<br>・PMIに労力がかかる |
| 戦略的提携 | ・コスト，リスクが小さい<br>・必要な部分のみ共同化できる<br>・企業の独立性が保てる<br>・必要がなくなれば解消できる | ・提携事業の自由な実施が制限される<br>・他社との提携が制限される<br>・競合企業の創出<br>・提携運営の難しさ |
| コーポレート・ベンチャー・キャピタル(CVC) | ・時間を節約できる<br>・コスト，リスクが小さい<br>・財務的リターンも期待できる | ・適切な投資先の選定が難しい<br>・投資先をコントロールできないため，シナジー効果の実現が不確実 |
| 他社からのライセンス | ・即座に技術やブランドを利用できる<br>・財務的負担が小さい | ・ライセンス元に依存する<br>・技術力の向上につながらない<br>・ライセンス契約終了後の財務的リスク |
| 他社へのライセンシング | ・即座に市場にアクセスできる<br>・コスト，リスクが小さい | ・市場へのコントロールが効かない<br>・市場の情報を収集しにくい<br>・ライセンス先に依存する |

出所：デービッド・アーカー著，今枝昌宏訳『戦略立案ハンドブック』（東洋経済新報社，2002）をもとに加筆・修正

るかは不透明であることは留意が必要である。

　また，ヘッドハンティング等による人材獲得によって，新規事業を立ち上げるという選択肢もある。対象事業に精通した人材を採用することができれば，比較的短期間かつ低コストで事業参入を果たすことが期待できる。ただし，採用する人材の数や能力が十分でないと，期待した成果を実現できないリスクがある。

　買収の最大のメリットは，時間の節約である。構築するのに時間のかかる競争力のある技術力やブランド力，ノウハウ，市場での優位なポジションを一瞬で獲得できるというのは大きなメリットである。一方で，買収によって付随的に不要な経営資源まで獲得してしまう，あるいは被買収企業と一体的な運営を

40　第1編　M&A戦略の立案プロセス

実現するのに労力がかかるといったデメリットもある。

　戦略的提携は，企業の独立性を保ちながら，低コストかつ低リスクで市場参入することができる点は大きなメリットである。ただし，提携によって事業運営が制限されるおそれや，ジョイント・ベンチャー（JV）など事業運営が難しいといった留意点がある。

　コーポレート・ベンチャー・キャピタル（CVC）は近年，急速に日本の大企業を中心に広がりを見せている。CVCの多くは，企業の自己資金で運用されており，財務的なリターンだけでなく，ベンチャー企業の持つ技術やノウハウを活用することによる事業上のシナジー効果の実現を目的とする。一般に，1件当たりの投資額や出資比率は限定的であることから，低コストかつ低リスクで新技術や新事業への足掛かりを得ることができる。ただし，投資先はベンチャー企業であることから，事業の成長が不確実である点で適切な相手先の選定が難しいほか，マイノリティ出資となるため期待したシナジー効果を実現できないリスクもある。

　他社からライセンスを受けることは，即座にライセンス元の技術やブランドを利用でき，参入に際しての財務的な負担が小さいというメリットがある。一方，ライセンス元に依存するため，必ずしも技術力の向上につながらないことや，ライセンス契約が打ち切られた後に売上が急減する等の財務的なリスクが発生するおそれがある。

　他社へのライセンシングは，海外市場への進出等でよく採用される選択肢であるが，低コストかつ低リスクで即座に市場にアクセスできる点がメリットである。一方，ライセンス先に販売を委ねるため，市場へのコントロールが効かなくなる等のデメリットがある。

### 事例4　人材獲得により家電事業へ参入〜アイリスオーヤマ

　M&Aによらずとも，技術を持った人材を多数獲得することで新事業参入を果たした例として，アイリスオーヤマが挙げられる。

家庭用品の製造・販売大手のアイリスオーヤマは，大山健太郎会長が，従業員5人のプラスチック下請け工場を19歳で承継してから，一代で売上高4,200億円（2017年度）の企業グループに育てあげた。同社は，2018年7月に大山晃弘氏が新たに社長に就任。2022年に「グループ売上高1兆円」を目標に掲げ，事業のグローバル展開と総合家電メーカー化の推進による利益拡大を目指している。

　同社は2000年代以降，家電に力を入れ，パナソニック，シャープ，三洋電機といった大手家電メーカー出身の技術者を積極的に採用し，新製品を次々に市場に投入している。2005年には初の小型家電として空気清浄機を発売。2010年にはLED照明事業に本格参入した。2017年にはエアコンを発売し，白物家電の本格展開を開始。2018年には4K・フルハイビジョン対応テレビを発売し，黒物家電にも参入を果たしたほか，ドラム式洗濯機も発売。さらに2019年には冷蔵庫などを投入する計画である。

　このように，同社は順調に家電事業に参入したようにみえるが，当初，家電技術者の採用は困難を極めた。家電メーカーの開発拠点は関西に多く，同社本社のある宮城県への移住が障壁となっていた。そこで同社は，「人のいるところに拠点を作る」と発想を転換。2013年5月，大阪R&Dセンターを設立し，それ以降，電子レンジや冷蔵庫，エアコンや洗濯機などのノウハウを持つ人材の採用が大きく進んだという。2018年度には家電技術者を100人体制とし，家電の売上高を前年度比5割増の1,000億円に引き上げる計画を掲げた[3]。

　もっとも，家電技術者を採用したことだけが，同社の家電事業の躍進の要因ではない。同社の強みは商品開発力にある。価格面も含め，徹底的に生活者目線にこだわった商品開発が特徴で，かつ，新製品を出す速さと量は突出している。年間の新製品投入は1,000にも上り，発売3年以内の新製品が売上高に占める割合は，1991年以降，5割を下回ったことが一度もないというから驚きである[4]。

---

3　日刊工業新聞2018年7月2日。
4　日経トップリーダー2018年4月号。

42 第1編 M&A戦略の立案プロセス

　商品開発力の強みの背景は，経営陣と社員の情報共有にある。経営陣と社員が現場から上がってくる顧客ニーズに関する情報を「ICジャーナル」と呼ばれる電子日報で日々共有し，開発部門はその情報などをもとに「開発週次ミーティング」で新製品の開発企画を練る。そして，毎週月曜日の同社名物「プレゼン会議」において，1件につき約10分のプレゼンにより，新製品の発売可否を社長がその場で次々に決裁していく。こうした商品開発力の強みに，高い技術力を持った家電技術者が加わったことが，同社の家電事業の躍進の秘密であろう。

## 6．M&A戦略の選択

　製品・市場マトリックスをベースにしたM&A戦略の類型は，自社が目指すM&A戦略の方向性を定める一助になろう。そのM&A戦略の15類型の概要は図表3－7のとおりである。

　ただし，実際のM&A案件においては，どれか1つの類型だけにあてはまるということでは必ずしもない。例えば，この企業を買収すると製品ラインナップを拡充できる（類型3）ほか，それに付随して新たな大口顧客も手に入る（類型9）といったことは往々にしてある。プロアクティブにM&Aを行うにあたっては，「何を手に入れたいか」という目的を明確に持つことが必要である。よって，この15類型は，何を主目的としたM&Aであるかによって分類されていると考えていただきたい。その意味では，このフレームワークは厳密にはMECE[5]ではないが，M&Aの目的を明確化するためのツールとして活用されることを企図している。

　なお，各類型の詳細は，第2編において，戦略検討上の留意点と事例を交えながら解説していく。

---

5　MECEとは，Mutually Exclusive and Collectively Exhaustiveの略で，「モレなくダブりなく」という意味。実務上は「ミーシー」と呼ばれる。

第3章　経営戦略からM&A戦略への落とし込み　43

【図表3-7】M&A戦略の類型

| 市場浸透型 | ❶ | 競合買収 | 競合関係にある同業者の買収 |
|---|---|---|---|
| | ❷ | ロールアップ戦略 | 相対的に規模の小さな企業を連続的に買収 |
| 製品開発型 | ❸ | 製品拡張戦略 | 関連性のある製品・サービスを扱う企業の買収 |
| | ❹ | 許認可買収 | 新規に取得が難しい許認可を保有する企業の買収 |
| | ❺ | 技術買収（A&D） | 自社での開発が困難な技術の獲得を目的とした買収 |
| | ❻ | ブランド買収 | ブランド力のある商品や事業の買収 |
| 市場開拓型 | ❼ | エリア拡大戦略 | 他地域での事業基盤を有する同業者の買収 |
| | ❽ | 海外企業買収 | 海外での事業基盤を有する同業者の買収 |
| | ❾ | 特定顧客獲得買収 | 大手取引先との口座獲得を目的とした買収 |
| | ❿ | 顧客層拡大戦略 | 違った顧客層を有する同業種の買収 |
| 垂直統合型 | ⓫ | 垂直統合戦略 | バリューチェーンにおける川上もしくは川下の企業の買収 |
| 多角化型 | ⓬ | 事業ポートフォリオ転換戦略 | 複数事業を抱える企業がM&Aにより事業構造を転換する戦略 |
| | ⓭ | コングロマリット戦略 | 一定のコンセプトのもと多角化した企業グループを形成する戦略 |
| | ⓮ | プラットフォーム戦略 | M&Aを活用してビジネスプラットフォームを構築・拡充する戦略 |
| | ⓯ | マルチアライアンス戦略 | 複数企業と広範囲に戦略的提携を行っていく戦略 |

## 7．ターゲット企業の選定基準の明確化

　M&A戦略の方向性が定まったら，具体的なターゲット企業の選定基準を明確にすることが重要である。そして，その基準を社内で共有するために，「ターゲット企業の条件・評価シート」を作成することをお勧めする。

　図表3-8はその一例であるが，ターゲット企業に求める条件を項目ごとに明記する形式がよい。定量化が可能なものは，KPI（Key Performance Indicator：重要管理指標）を設定して定量的な基準を設ける。また，ネガティブチェック用に，「足切り条件」を設定することもある。ここでの足切り条件とは，一定の条件に満たない場合には，いくつかの条件を満たしたとしてもターゲット企業の選考からはずすという，クリティカルな条件を指す。例えば，再

44　第1編　M&A戦略の立案プロセス

【図表3-8】ターゲット企業の条件・評価シート（例）

| 区分 | 項目 | KPI | 必要条件 | 足切り条件 | 評価 | 検討課題 |
|---|---|---|---|---|---|---|
| 市場 | 顧客層 | | | | | |
| | エリア | | | | | |
| 製品 | 取扱製品・サービス | | | | | |
| | 保有技術・ノウハウ | | | | | |
| | オペレーション | | | | | |
| | 調達力 | | | | | |
| | 許認可 | | | | | |
| | ブランド | | | | | |
| 資産 | 拠点（工場, 店舗, 物流） | | | | | |
| | 設備 | | | | | |
| | 不動産 | | | | | |
| 人材 | 経営陣・管理職の質 | | | | | |
| | 従業員数 | | | | | |
| | 人員構成(年齢・勤続年数) | | | | | |
| | スキル・資格 | | | | | |
| | 企業文化 | | | | | |
| 財務 | 売上規模 | 売上高 | | | | |
| | 収益性 | 売上総利益率, 営業利益率 | | | | |
| | 安全性 | 自己資本比率, 負債比率 | | | | |
| | 生産性 | 一人当たり売上高, 同営業利益 | | | | |
| | 成長性 | 売上高伸長率, 営業利益伸長率 | | | | |

生型のM&Aはしないという方針がある場合，「営業利益が赤字」であればターゲット企業として選定しないという足切り条件とする，といった具合である。

　どのタイプのM&A戦略であっても，基本的に市場（顧客層もしくはエリア）と取扱製品・サービスに関しては選定基準として必要な条件を設定することになろう。

　加えて，市場浸透型M&A戦略であれば，売上高や従業員数等の「規模」は条件として考慮されることが多い。特に，近年は労働者人口の減少や働き方改革を背景に深刻な人手不足に悩む企業が多く，人材の獲得を目的とするケースも増えてきている。

製品開発型M&A戦略であれば，製品区分に関する具体的な条件が加わることになろう。特に，製造業であれば技術，BtoCビジネスであればブランドが重要視されることが多い。

市場開拓型M&A戦略であれば，顧客層もしくはエリアについて，具体的な条件を設定することが多い。「海外企業買収」や「エリア拡大戦略」でも遠隔地への進出を企図する場合は，経営を現地に任せる部分が大きくなることから，経営陣の質や財務体質の健全性も重視されることがある。

多角化型M&A戦略では，新規事業への進出となることから，市場区分と製品区分の条件設定はもちろんだが，自社とのシナジー効果が得られるための条件を設定することが重要である。一般に，新規事業に対しては経営ノウハウが乏しいことから，多角化戦略はリスクが高い。そのため，このタイプのM&A戦略においては，買収後速やかに大きなシナジー効果が実現できる可能性が高い場合を除き，業績の良い企業をターゲットとすることが定石である。再生型のM&Aは，買収対象事業に精通していない場合，無謀な挑戦となる危険性が高い。

図表3－8は，ターゲット企業が選定条件を満たすかどうかをチェックする評価シートも兼ねている。こうしたチェックシートの形式にすることで，ターゲット企業の選択に際して，不適当な企業を選択してしまうリスクを減らすことができるほか，検討にかかる作業を効率化することができる。チェックシートは，M&Aの対象とすべきかどうかの判断軸そのものであり，そうした物差しがあれば，社内での議論のベクトルを拡散させずに，スピーディーな意思決定が可能となる。

なお，定量的な基準に対する評価に際しては，ベンチマークとの比較も有益である。自社あるいは業界の競合他社などとの比較により，より客観的な評価が可能となる。

46 第1編 M&A戦略の立案プロセス

# 8. ターゲット企業の選定ポイント

　M&A巧者と呼ばれる企業の特徴は，自社の競争優位のある強み（キー・ケイパビリティ）を，M&Aにより獲得した経営資源にも適用していることにある。そこで，ターゲット企業の選定基準の設定にあたっては，次の2つの問いを意識すべきである。

　1つ目は，自社に競争優位性のある強み（キー・ケイパビリティ）が存在するか？　――キー・ケイパビリティの存在は，M&Aを行う上での前提条件といえる。さらに，ターゲット企業側にもキー・ケイパビリティがあれば，なおよい。両社のキー・ケイパビリティを融合させれば，高い競争力を実現できる可能性が高まる。そもそも，自社にキー・ケイパビリティが存在しない場合，M&Aを選択することは慎重であるべきだ。ターゲット企業にもさしたる強みが存在しない場合，単なる弱者連合となり，競争優位につながらないM&Aになりかねない。

　2つ目は，M&Aにより獲得する経営資源が，自社の強みを活かせるものであるか？　――逆にいえば，自社の強みを活かしきれない経営資源を獲得しても，競争優位性のある経営資源にまで磨き上げることはできない。

　バーニーのVRIOフレームになぞらえれば，自社の経済的価値のある強みを，M&Aにより獲得する経営資源に活かすことで，他社にはない，かつ，他社が模倣しにくい経営資源へと昇華させることができるかがポイントである。いい換えれば，買い手企業とターゲット企業のキー・ケイパビリティを組み合わせることで競争優位を実現できるM&Aが，優れたM&Aであるといえる。

　買い手企業とターゲット企業の強みを掛け合わせて，M&Aで狙う効果を整理するツールが，M&A戦略マトリックスである。例えば，人的資源の優位性が重要なサービス業では「開発力」と「運営力」という強みを掛け合わせて，M&Aの戦略目標を整理することができる（図表3-9）。

　以下，4つのケースで具体的に解説しよう。

第3章　経営戦略からM&A戦略への落とし込み　**47**

## 【図表3－9】M&A戦略マトリックス

買い手企業のキー・ケイパビリティ×ターゲット企業のキー・ケイパビリティ
→競争優位の確立

<u>人的資源の優位性が重要な業界のM&A戦略マトリックス</u>

買い手企業の強み

|  |  | 開発力 | 運営力 |
|---|---|---|---|
| **ターゲット企業の強み** | 開発力 | ①業態開発力強化 | ②開発力強化 |
|  | 運営力 | ③運営力強化 | ④オペレーション・エクセレンス |

<u>顧客資源の優位性が重要なM&A戦略マトリックス</u>

買い手企業の強み

|  |  | 開発力 | 顧客基盤 |
|---|---|---|---|
| **ターゲット企業の強み** | 開発力 | ①製品開発力強化 | ②カスタム対応力強化 |
|  | 顧客基盤 | ③事業領域拡大 | ④コスト競争力強化 |

### ケース1　外食産業

《業界環境》

　少子・高齢化による国内市場の縮小，原材料費・人件費の高騰，価格重視から品質重視への変化等，消費者ニーズが変化している。

《業界での成功要因（KFS[6]）》

　売上高のうち2割がチェーン店，8割が個人商店となっており，外食産業は

参入障壁が低く過当競争のため差異化が重要な業界。KFSとしては，①人的資源の効率的運用を実現する調理工程の効率化や店舗オペレーションといった運営力，②従来の低価格メニュー業態の開発，FC大量出店という基本戦略から，おいしさと割安感のあるメニュー開発やマルチブランド・カテゴリーの展開といった業態や店舗の開発力が挙げられる。

　店舗オペレーションの効率化によって，店舗人員の削減が可能となるほか，提供時間の短縮などサービスも向上させることができる。また，消費者の嗜好は変わりやすいため，トレンドを捉えた業態やメニュー開発により，継続的に顧客の来店頻度を高める努力が不可欠である。

　例えば，ファミリーレストラン首位のすかいらーくは，1,000円前後の価格帯で和洋中伊などの業態を展開している。サプライチェーンのオペレーションは共有化しつつ，継続的な業態開発と転換によって，近年は2016年度に過去最高益を記録するなど，堅調な業績を維持している。

《M&A戦略の方向性》

① マルチプラットフォーム戦略
　　買い手・ターゲット企業双方の「開発力」を活かして，様々な特徴あるプラットフォーム（業態）展開を図る戦略

② 開発力強化
　　買い手の「運営力」をベースに，ターゲット企業の強みである「開発力」を得て，競争力のある店舗開発・展開を狙う戦略

③ 運営力強化
　　買い手の「開発力」をベースに，ターゲット企業の強みである「運営力」を得て，競争力のある店舗開発・展開を狙う戦略

④ オペレーション・エクセレンス戦略
　　買い手・ターゲット企業双方の「運営力」を活かして，運営力による店舗の差異化やコスト競争力強化を図る戦略

---

6　KFSとはKey Factor of Successの略で，事業の成功要因を意味する。

第3章 経営戦略からM&A戦略への落とし込み　49

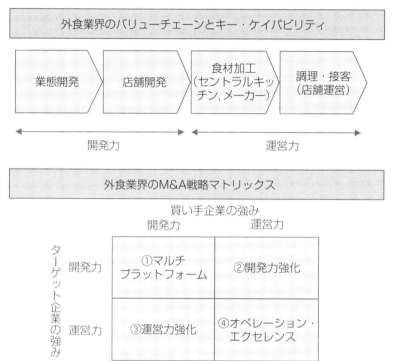

【図表3-10】外食産業のキー・ケイパビリティとM&A戦略マトリックス

《M&A事例》

　店舗運営力に強みのあるドトールコーヒーと業態開発力に強みのある日本レストランシステムの経営統合は，「②開発力強化」に該当する。成果として，新業態の高付加価値メニューを提供する「星乃珈琲」が急成長している。

### ケース2　電子部品業界

《業界環境》

　スマートフォンやタブレット市場の成長に伴い，高度な技術力を背景に高い世界シェアを誇る日本メーカーは，高成長，高収益を実現している。

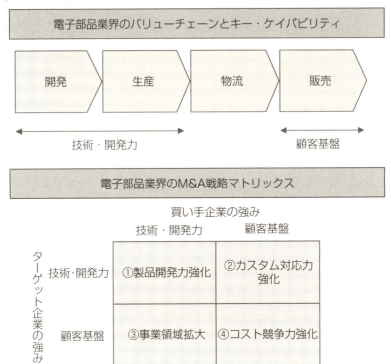

**【図表3-11】電子部品業界のキー・ケイパビリティとM&A戦略マトリックス**

《業界での成功要因（KFS）》

　モバイル機器の高性能化，多機能化に伴い，電子部品はさらなる小型化，薄型化と大容量化の両立が求められており，部品のモジュール化と顧客である機器メーカーとの深いリレーションをベースとしたカスタム対応力がカギ。スマートフォン・タブレットから次の成長分野の開拓（自動車，産業機械，医療分野等）も重要な課題となっている。

《M&A戦略の方向性》

① 製品開発力強化

　買い手・ターゲット企業双方の「技術・開発力」を活かして，製品のモジュール化や高性能部品開発を推進する戦略

② カスタム対応力強化

買い手の「顧客基盤」をベースに，ターゲット企業の強みである「技術・開発力」を得て，顧客とのすり合わせによるカスタム対応力強化を狙う戦略

③ 事業領域拡大

買い手の「技術・開発力」をベースに，ターゲット企業の強みである「顧客基盤」を活用し，新分野の顧客基盤・事業領域の拡大を狙う戦略

④ コスト競争力強化

買い手・ターゲット企業双方の「顧客基盤」を活かして，受注量増加に伴う規模の経済性によるコスト競争力強化を図る戦略

《M&A事例》

　受動部品であるコンデンサーやSAWフィルタに強みを持つ村田製作所による，同じく受動部品であるインダクターに強みを持つ東光の買収は，「①製品開発力強化」に該当する。村田製作所のM&A戦略は，関連する事業領域を買収していく「にじみ出し戦略」と称されるが，本M&Aにより，受動部品の開発力強化とモジュール化を推進。

### ケース3　物流業界

《業界環境》

　荷主企業による物流機能の見直しやコスト削減，拠点の拡大への対応，ドライバー等の人手不足，事業者数の増加により，競争環境は厳しさを増している。

《業界での成功要因（KFS）》

　海外現地企業・物流拠点を含む国際物流ネットワークの構築による生産完了から国際輸送による最終ユーザーへの納品まで包括的SCM（3PL。第7章注13参照）対応力や，特定業界にまとまった顧客（荷主）基盤を有し，顧客業界の特徴に応じた提案力やコスト競争力（業界別プラットフォーム）の構築が成功のカギ。

**【図表3−12】物流業界のキー・ケイパビリティとM&A戦略マトリックス**

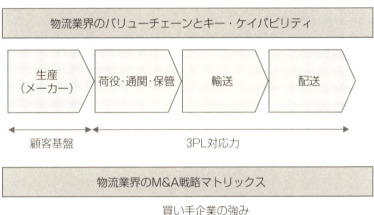

《M&A戦略の方向性》

① 3PL対応力強化
   買い手・ターゲット企業双方の「3PL対応力」を活かして，3PL事業における競争優位性を高める戦略

② 顧客リレーション強化
   買い手の「顧客基盤」をベースに，ターゲット企業の強みである「3PL対応力」を得て，顧客への提案力向上によるリレーション強化を図る戦略

③ 顧客基盤拡大
   買い手の「3PL対応力」をベースに，ターゲット企業の強みである「顧客基盤」を活用し，3PL事業の顧客基盤拡大を狙う戦略

④　業界別プラットフォーム強化

　　買い手・ターゲット企業双方の「顧客基盤」を活かして，特定業界向け物流ノウハウを高め，コスト競争力強化や物流の付加価値向上を図る戦略

《M&A事例》

　3PLに強い日立物流による，自動車部品物流に強みのあるバンテックの買収は，「③顧客基盤拡大」に該当する。M&Aの成果として，日立物流は，バンテックの海外拠点活用により海外事業を大幅に強化した。

### ケース4　小売業界（GMS）

《業界環境》

　深い品揃えやコストパフォーマンスを武器に，ロードサイドを中心とした専門店チェーンの攻勢によるGMSの業績悪化が顕著である。そうした中，食品＋大型ドラッグストアというフード＆ドラッグ業態は，高効率な店舗運営や規制による高い参入障壁を背景に，高い収益性と成長を実現している。

《業界での成功要因（KFS）》

　「モノからコトへ」といった非日常を売り物にする大型SCやワンストップ＆ショートタイムを実現するフード＆ドラッグ等，消費者のライフスタイルの変化に応じた業態開発力や，全国画一的なチェーンオペレーションから脱却した地域対応力や個店対応力を実現する店舗対応力が成功のカギ。

《M&A戦略の方向性》

①　独自プラットフォーム開発

　　買い手・ターゲット企業双方の「開発力」を活かして，独自の競争力あるプラットフォーム（業態）展開を図る戦略

②　開発力強化

　　買い手の「店舗対応力」をベースに，ターゲット企業の強みである「開発力」を得て，差異化された業態・店舗展開を狙う戦略

③　個店対応力強化

　　買い手の「開発力」をベースに，ターゲット企業の強みである「店舗対応

力」を得て，個店対応力の強化を狙う戦略
④ オペレーション・エクセレンス
　買い手・ターゲット企業双方の「店舗対応力」を活かして，オペレーションによる店舗の差異化やコスト競争力強化を図る戦略

《M&A事例》
　各種小売や調剤薬局を含む多様な業態をグループ内に保有するイオンによる，フード＆ドラッグ業態のウエルシアHDの子会社化は，「①独自プラットフォーム開発」に該当する。イオンは，医療機関や薬局を併設したショッピングモールの出店など，ヘルス＆ビューティーケア（H&BC）分野を重要事業として位置付けている。

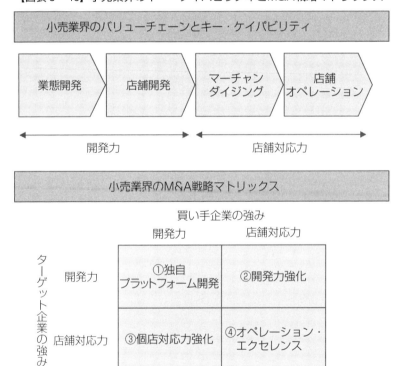

【図表3－13】小売業界のキー・ケイパビリティとM&A戦略マトリックス

## 9．ターゲット企業の選定プロセス

　ターゲット企業の選定基準が明確化されたら，いよいよ具体的なターゲット企業の選定作業に入る。その作業は，一般に図表3－14に示すようなステップを踏むことになる。以下，リサーチ以降の各ステップの要点について概観する[7]。

【図表3－14】ターゲット企業へのアプローチまでの流れ

① リサーチ

　ターゲット企業の選定基準に基づき，具体的な候補企業を抽出するための情報収集を行う。該当する業界情報や企業データベース，金融機関，社内外の人脈などを駆使し，できるだけ幅広いソースから情報収集を行うことが重要である。

---

[7] 各ステップの詳細は拙著『企業買収の実務プロセス（第2版）』（中央経済社，2017）37～43頁および71～72頁を参照いただきたい。

## ② ロングリスト作成

　ターゲット候補企業をロングリストとして一覧化する。ロングリストでは，20〜30社程度を目安に，企業名，代表者名，本社所在地，主たる取扱商品，売上高，利益などの主要な項目をリスト化する。

### 【図表3−15】ロングリストのイメージ

【対象企業候補リスト】
※「後継者」の定義：○ 代表者55歳以上かつ同姓の取締役不在，△ 代表者55歳以上かつ同姓の取締役存在，× 代表者55歳未満

(単位：百万円)

| No. | 企業名 | 所在地 | 営業種目 | 設立 | 従業員数 | 代表者 | 主要株主 | 売上高 | 当期純利益 | 利益率 | 資本金 | オーナー企業 | 後継者※ | 備考・コメント |
|---|---|---|---|---|---|---|---|---|---|---|---|---|---|---|
| 1 | O商事株式会社 | 東京都中央区○-○-○ | 建材卸売業 | 19XX年1月 | 80 | A氏 | ABC商事(30), zzzz, yyyy | 15,000 | 130 | 0.87% | 200 | - | ○ | ABC商事系列 |
| 2 | P工業株式会社 | 東京都墨田区×-×-× | 建材卸売業 | 19XX年3月 | 150 | B氏 | aaaa, bbbb, cccc | 33,000 | 180 | 0.55% | 100 | - | ○ | 独立系 |
| 3 | Q商事株式会社 | 東京都千代田区△-△-△ | 鋼板類販売 | 19XX年5月 | 70 | C氏 | 甲乙鋼鈑(100) | 20,000 | 200 | 1.00% | 100 | - | - | 甲乙鋼鈑の100%子会社 |
| 4 | R株式会社 | 東京都千代田区○-○-○ | 鋼板の卸売及び加工 | 19XX年11月 | 180 | D氏 | ○○○, △△△, ×× | 40,000 | 500 | 1.25% | 300 | - | △ | ○○○, ××× |
| 5 | S鉄鋼株式会社 | 東京都千代田区○-×-△ | 鉄鋼製品輸出入販売 | 19XX年12月 | 100 | E氏 | △一族(60), ××× (32) | 30,000 | 320 | 1.07% | 50 | ○ | × | 仕入先は×××, YYY等 |
| 6 | Z工業株式会社 | 東京都中央区×-×-× | 建材卸売業 | 19XX年4月 | 100 | F氏 | ××× (70), ××× (20), ×××(10) | 29,000 | 100 | 0.34% | 10 | - | △ | ×××系列 |

## ③ ショートリスト作成

　ロングリストをもとに，さらにターゲット企業を数社に絞り込んだリストがショートリストである。ショートリストでは，対象企業の事業内容や財務内容，株主構成や後継者の有無等，より詳細な情報が盛り込まれる。ショートリストの段階では，自社の買収予算との兼ね合いから，買収価格もある程度想定しておくことが望ましい。

## 【図表3-16】ショートリストのイメージ

| | | AAA株式会社 | 株式会社BBB | CCC株式会社 | DDD株式会社 |
|---|---|---|---|---|---|
| 対象企業 | 会社名 | AAA株式会社 | 株式会社BBB | CCC株式会社 | DDD株式会社 |
| | 調査会社 | ○×データバンク | ○×データバンク | △△リサーチ | ○×データバンク |
| | 信用調査時期 | 平成30年7月 | 平成30年5月 | 平成30年5月 | 平成30年1月 |
| | 評点 | 60点 | 70点 | 50点 | 40点 |
| 会社概要 | 所在地 | 東京都北区○○-×丁目-△ | 東京都葛飾区○○-×丁目-△ | 東京都千代田区○○-×丁目-△ | 栃木県足利市○○-×丁目-△ |
| | 主要拠点(本店以外) | 関東工場，北陸工場 | 東北工場，関東工場 | 関西支店，中部支店，中国支店 | 南関東工場 |
| | 設立 | 昭和XX年12月 | 昭和XX年1月 | 昭和XX年5月 | 昭和XX年8月 |
| | 資本金 | 30百万円 | 100百万円 | 80百万円 | 50百万円 |
| | 従業員数 | 300名 | 200名 | 150名 | 100名 |
| | 派遣・契約・パート等 | 50名 | 10名 | 0名 | 5名 |
| | 従業員備考 | - | | - | |
| | 取引銀行 | A銀行，B銀行，C銀行 | E銀行，F銀行，G銀行 | L銀行，M銀行，N銀行 | X銀行，Y銀行，Z銀行 |
| 代表者の状況 | 代表者 | A氏 | B氏 | C氏 | D氏 |
| | 年齢 | 55歳 | 60歳 | 58歳 | 65歳 |
| | 後継者有無 | あり(子供。役員未就任) | 未詳 | 未詳 | あり(子供。承継意思未定) |
| 株主の状況 | 株主数 | 10名 | 20名 | 50名 | 10名 |
| | 発行済株式数 | 1,000,000株 | 400,000株 | 50,000株 | 100,000株 |
| | 大株主の状況 | a 60.0%<br>b 15.0% 長男<br>c 10.0%<br>d 6.0%<br>e 1.0% 長女<br>f 1.0% 次女<br>g 1.0% | h 60.0%<br>i 25.0%<br>j 5.0% | 代表者と○○一族で85% | x 55.0%<br>y 35.0% 次男<br>z 3.0% 妻 |

### 財務数値(P/L項目)(単位:百万円)

| 項目 | AAA株式会社 | 株式会社BBB | CCC株式会社 | DDD株式会社 |
|---|---|---|---|---|
| 決算期 | H22/3期 H23/3期 H24/3期 | H23/9期 H24/9期 H25/9期 | H23/3期 H24/3期 H25/3期 | H22/9期 H23/9期 H24/9期 |
| 売上高 | 10,000 12,000 13,000 | 10,000 11,000 10,000 | 8,900 9,800 9,000 | 6,600 7,300 7,100 |
| 売上総利益 | 1,100 1,200 1,300 | 1,800 1,800 1,900 | 800 800 900 | 900 950 1,090 |
| *売上総利益率* | 11.0% 10.0% 10.0% | 18.0% 16.4% 19.0% | 9.0% 8.2% 10.0% | 13.6% 13.0% 15.4% |
| 減価償却費① | 140 135 130 | 260 180 100 | 80 85 90 | 50 45 45 |
| 営業利益② | 250 350 370 | 130 170 300 | 110 80 130 | 20 65 120 |
| *営業利益率* | 2.5% 2.9% 2.8% | 1.3% 1.5% 3.0% | 1.2% 0.8% 1.4% | 0.3% 0.9% 1.7% |
| 経常利益 | 285 400 430 | 170 210 370 | 100 65 125 | 50 140 130 |
| *経常利益率* | 2.9% 3.3% 3.3% | 1.7% 1.9% 3.7% | 1.1% 0.7% 1.4% | 0.8% 1.9% 1.8% |
| 当期純利益 | 270 130 215 | 70 90 100 | 70 65 80 | 70 110 70 |
| *当期純利益率* | 2.7% 1.1% 1.7% | 0.7% 0.8% 1.0% | 0.8% 0.7% 0.9% | 1.1% 1.5% 1.0% |
| EBITDA③=①+② | 390 485 500 | 390 350 400 | 190 165 220 | 70 110 165 |

### 財務数値(B/S項目)(単位:百万円)

| 項目 | AAA株式会社 | 株式会社BBB | CCC株式会社 | DDD株式会社 |
|---|---|---|---|---|
| 総資産 | 8,000 8,100 8,150 | 7,000 7,200 7,300 | 4,500 5,100 4,900 | 3,350 3,500 3,400 |
| 純資産 | 2,030 2,200 2,400 | 2,300 2,300 2,400 | 1,800 1,700 1,700 | 640 750 820 |
| *自己資本比率* | 25.4% 27.2% 29.4% | 32.9% 31.9% 32.9% | 40.0% 33.3% 34.7% | 19.1% 21.4% 24.1% |
| 有利子負債④ | 2,700 2,200 1,700 | 1,750 1,400 1,700 | 0 84 52 | 80 65 50 |
| 債務償還年数(年)※ | 8.9 6.1 4.6 | 5.1 4.8 5.8 | 0.0 0.6 0.3 | 1.3 0.7 0.4 |

※④/(②×0.65+①)

### 倍率評価

| 項目 | AAA株式会社 | 株式会社BBB | CCC株式会社 | DDD株式会社 |
|---|---|---|---|---|
| 企業価値⑤=③×8.0 | 4,000 | 3,200 | 1,760 | 1,320 |
| 株式価値⑤-④ | 2,300 | 1,500 | 1,708 | 1,270 |

### 純資産評価 買収資金目安

| 項目 | AAA株式会社 | 株式会社BBB | CCC株式会社 | DDD株式会社 |
|---|---|---|---|---|
| 純資産+②×3～5年 | 3,510 ～ 4,250 | 3,300 ～ 3,900 | 2,090 ～ 2,350 | 1,180 ～ 1,420 |
| 買収資金目安 | 20～35億円 | 15～39億円 | 10～20億円 | 11～13億円 |

### 評価

| 項目 | AAA株式会社 | 株式会社BBB | CCC株式会社 | DDD株式会社 |
|---|---|---|---|---|
| 後継者有無 | ○ | ○ | △ | × |
| 拠点拡張 | ◎ | △ | ○ | △ |
| 業績寄与 | ○ | △ | ◎ | ○ |
| 買収資金多寡 | △ | ○ | ○ | ◎ |

## ④ ターゲット企業の選定

ショートリストをもとに，実際に買収を打診する企業を特定する。評価にあたっては，対象企業の売却ニーズ，事業上のシナジー，財務の健全性，買収の実現可能性などをスコアリングして，買収を打診する優先順位付けを行う。

## ⑤ 買収提案書の作成

ターゲット企業が特定できたら，実際にM&Aを提案する書面（買収提案書）を作成する。提案書を通じて，買収後の経営方針やシナジー効果等のメリットなどを分かりやすく相手に伝えることはもちろん，買い手側の誠意や熱意も相手に印象付けることが重要である。

# 10. 買収提案に際しての心構え

ターゲット企業が選定されたら，実際にその企業に買収を提案することになる。筆者の経験では，買収提案を受けることに対して，ターゲット企業の経営者は必ずしも悪い気はしないものである。「M&Aの声が掛かるとは思ってもいなかった」といって，まんざらでもない表情を浮かべる経営者は珍しくない。

今や，「M&A＝乗っ取り」というようなネガティブな印象を持つ経営者はずいぶんと少なくなり，むしろ「買いたいと言ってもらえるということは，よい会社の証である」という認識が，中小企業も含めて日本の経営者に浸透してきている。特に，後継者不在の会社であれば，M&Aの可能性について多少なりとも意識している経営者は多い。もっとも，上場企業の場合，敵対的買収のように，経営陣になんの断りもなく，あるいは経営陣が反対しているにもかかわらず，いきなりTOB（株式公開買付）を発表するような失礼な方法を取ると話はうまくいかないことが多いが[8]，礼節ある姿勢・方法で買収提案する限り

---

8　非上場企業の場合，通常は株式に譲渡制限が付されているため，経営陣が反対するとM&Aは成立しえない。そのため，非上場企業の買収に際しては，基本的には経営陣の賛同を得た友好的なM&Aしか成立しえない。ただし，稀に譲渡制限が付されていない非上場企業もある。

においては，ターゲット企業の経営者に真摯に話を聞いていただけるケースは多い。

とはいえ，すぐに買収提案を受け入れてくれる経営者は稀である。基本的には，拒否（謝絶）されると思ったほうがよい。

だが，そこですぐに諦めてはならない。継続的にコンタクトを持つなどして，機が熟すのを待つという姿勢が重要である。M&A巧者として有名な日本電産の場合，買収の打診をしてからM&Aが成立するまでに平均５年はかかっており，最長で16年かけて買収した例もあるという[9]。

このように，仕掛け型のM&Aにおいては，意中の会社を手に入れるためには，長いスパンでM&Aに取り組む姿勢が重要である。そのため，いきなり買収提案をするのではなく，まずは業務提携を行い，ビジネス上の関係性を持った上で信頼関係を醸成し，いずれM&Aを目指すといった戦略もありうる。結婚に例えれば，いきなりプロポーズするのではなく，まずはお付き合いをして，お互いの相性を確認した上で結婚する，というプロセスと同じである。いずれにせよ，焦らずに，じっくりと腰を据えて買収提案するという姿勢が重要である。

---

9　第6章102頁参照。

# 第4章 M&Aマネジメントルール

M&Aを成功させるには、戦略的に正しいターゲット企業を抽出することはもちろんだが、M&Aを適切にマネージすることも重要である。特に、M&Aの失敗理由の最たるものが「高値掴み」であることを考えると、M&Aにおける投資の意思決定および買収後のモニタリングに関するルールを明確化しておくことが肝要である。

## 1. 投資の意思決定ルール

買い手にとって、M&Aは投資行為そのものである。一般に、投資の意思決定方法には、①投下資本利益率（ROIC）、②正味現在価値（NPV）、③内部収益率（IRR）、④回収期間法といった手法がある。図表4-1のとおり、それぞれの方法には長所と短所があるが、常に正しい答えが出る手法は、正味現在価値（NPV）であり、M&Aの意思決定においてもNPVを利用することが望ましい。

通常の投資の意思決定においては、NPVと表裏一体である内部収益率（IRR）や、一般になじみ深い回収期間法を併用することも多いが、M&Aにおいてもそれらを併用することは問題ない。その場合、例えば、「NPVが正」、「IRRが9％以上」、「回収期間10年以内」のすべての条件を満たす案件であれば"GO"、というような運用となる。

第4章 M&Aマネジメントルール　61

**【図表4－1】投資の意思決定方法の比較**

| | キャッシュフローを用いるか | 時間価値を考慮するか | 長　所 | 短　所 |
|---|---|---|---|---|
| 投下資本利益率（ROIC） | × | × | ・ROEやROAとの連関を意識しやすい<br>・投資後の業績評価に適している | ・個別案件の意思決定には使用しにくい<br>・キャッシュフローを用いていない |
| 正味現在価値（NPV） | ○ | ○ | ・常に正しい答えが出る | ・計算が複雑で分かりにくい |
| 内部収益率（IRR） | ○ | ○ | ・率で表されるので分かりやすい | ・稀に複数の解が出ることがある |
| 回収期間法 | ○ | × | ・多くの日本企業で利用されており，なじみがある | ・短期志向に陥りやすい<br>・目標設定が曖昧 |

出所：井手正介＝高橋文郎『経営財務入門（第4版）』（日本経済新聞出版社，2009）をもとに加筆・修正

　なお，各国のCFO（最高財務責任者）に対する調査によれば[1]，投資の意思決定時におけるNPVやIRRの採用率について，日本企業は25％程度と，米国企業の75％程度，ドイツ企業の50％程度と比較すると非常に低くなっている（図表4－2）。日本企業が最も採用しているのが回収期間法で，56％の企業が採用している。

　回収期間法は，投資金額を何年で回収できるかを表す方法であり，考え方が分かりやすいため，多くの企業で使われている。ただし，この方法の問題点としては，貨幣の時間価値を考慮しない，回収期間後のキャッシュフローが無視されるため短期志向に陥りやすい，回収期間の目標設定の合理性が曖昧といった点が挙げられる。利用に際しては，そうした点に留意する必要がある。

---

1　Hanaeda, Hideki, and Toshio Serita（2014）"Capital Budgeting Practices: Evidence from Japan" Survey of Aoyama Gakuin University.

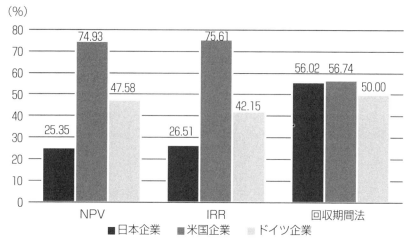

【図表4-2】投資の意思決定方法の採用割合

出所：Hanaeda, Hideki, and Toshio Serita (2014) "Capital Budgeting Practices: Evidence from Japan" Survey of Aoyama Gakuin Universityをもとに作成

## (1) 正味現在価値（NPV）とは

　正味現在価値（NPV：Net Present Value）とは，投資額から，投資の成果として生み出されるキャッシュフローの現在価値合計額を差し引いたものをいう（図表4-3）。NPVが正の案件に投資をするというのが，投資の意思決定の原則である。

　NPVで用いる割引率は，企業の資金調達コストを意味する加重平均資本コスト（WACC：Weighted Average Cost of Capital）をそのまま使用するか，WACCをベースとしたハードルレートを用いることが一般的である。ハードルレートとは，会社として期待する投資利回りであり，リスクを見込んでWACC＋アルファをハードルレートとして設定する。もっとも，案件の性質に応じて，ハードルレートを変えるという運用もある。その場合，リスクの高い案件であれば，そのリスクに応じた高いハードルレートを設定することになる。

　WACCは，債権者の必要収益率（負債コスト）と株主の必要収益率（株主資本コスト）を加重平均して求められる（図表4-4）。負債コストとは，債

権者（主に金融機関）が求める金利のことだが，金利（支払利息）は税務上損金算入されるため，税引き後の金利を負債コストとする。株主資本コストは，資本資産評価モデル（CAPM：Capital Asset Pricing Model）を用いることが実務では一般的である。

【図表4－3】正味現在価値（NPV）

ある資産が$n$年後に生み出すキャッシュフローを$C_n$，初期投資を$I$，割引率（ハードルレート）を$r$とすると，正味現在価値は

$$NPV = -I + \frac{C_1}{1+r} + \frac{C_2}{(1+r)^2} + \frac{C_3}{(1+r)^3} + \cdots\cdots + \frac{C_n}{(1+r)^n}$$

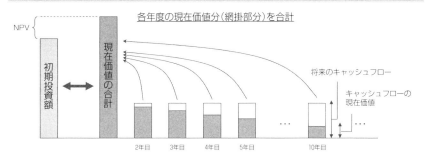

【図表4－4】企業の資金調達コストの考え方と加重平均資本コスト（WACC）

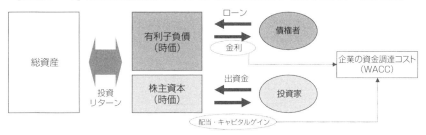

資本コスト$(\mathrm{WACC}) = \dfrac{D}{D+E} \times r_D(1-T) + \dfrac{E}{D+E} \times r_E$

$D$ = 負債の時価
$E$ = 株主資本の時価
$r_D$ = 負債コスト（利子率）
$T$ = 実効税率
$r_E$ = 株主資本コスト

64 第1編　M&A戦略の立案プロセス

## ⑵　M&Aにおける投資の意思決定ルール

### ①　NPVの活用

　M&Aにおいては，DCF（Discounted Cash Flow）法によるバリュエーション（企業価値算定）を行うことが一般的である。DCF法の算式は，基本的に初期投資額を減算する項を除き，NPVの算式と同じである。そのため，DCF法による算定結果を下回る金額で買収すれば，NPVは正ということになる。

　DCF法の利用に際して最も重要な点は，フリーキャッシュフローの前提となる将来の収支計画の妥当性を検証することである。バリュエーションに用いる将来の収支計画は，直近実績値を正常収益力ベースに引き直した上で，買収後のシナジー効果も織り込むことになる。シナジー効果の実現性も含め，将来の収支計画には不確実性が伴うことから，標準ケース，リスクケース，ベストケースなど，いくつかのシナリオを設定することが肝要である。

【図表4－5】シナジー効果

| | 研究開発 | 購買 | 製造 | 物流 | 販売 | 財務 |
|---|---|---|---|---|---|---|
| 売上シナジー | ■新製品の共同開発<br>■技術，開発ノウハウの移転 | ■原材料調達力の向上<br>■製品調達力の向上 | ■生産能力の拡大<br>■生産技術，ノウハウの移転 | ■物流網拡大<br>■物流サービス向上 | ■取扱製品の拡大<br>■クロスセリング<br>■ブランド統一 | ■資金調達力向上<br>■財務体質強化<br>■投資拡大 |
| コストシナジー | ■重複R&D投資の削減<br>■研究所の統廃合<br>■研究設備の共同利用 | ■共同購買<br>■仕入値引きの拡大<br>■価格交渉力の向上 | ■工場統廃合<br>■PB商品導入による原価率低減<br>■外注作業の内製化 | ■配送会社の集約<br>■在庫削減<br>■物流拠点統廃合<br>■自社トラック削減 | ■販売リベート削減<br>■広告見直し<br>■営業拠点・店舗の統廃合<br>■社用車削減 | ■金利削減<br>■借入金削減<br>■営業権償却による節税効果<br>■繰越欠損金の引継ぎ |

出所：木俣貴光『企業買収の実務プロセス（第2版）』（中央経済社，2017）

シナジー効果には，コストシナジーと売上シナジーがある（図表4-5）。一般に，コストシナジーは実現可能性が高いが，売上シナジーは実現可能性が低い。そのため，保守的なケースでは，売上シナジーを織り込まないことが望ましい。ただし，オークション・ディールの場合，高い価格を提示する必要性があるため，コストシナジーを中心にできる限りシナジー効果を織り込んだ計画を採用することも必要となる。

## ② M&Aにおける回収期間法の考え方

　一般に，回収期間法は，利益の累計額が初期投資額を超えるまでの期間を回収期間として捉える考え方である。M&Aにおいては，倍率法（マルチプル法）による考え方がそれに該当する。倍率法は，類似の上場企業の株価倍率との比較が容易であり，そのためバリュエーションの妥当性を検証しやすいというメリットがある。

　倍率法には，EV/売上高倍率，EV/EBITDA倍率，EV/EBIT倍率，PER（株価収益率），PBR（株価純資産倍率）といった指標があるが，実務上，買収価格の判断基準として最も利用されているのは，EV/EBITDA倍率である。EBITDA（Earnings Before Interest, Tax, Depreciation and Amortization）とは，償却前利払前利益を意味し，簡便的には営業利益に減価償却費を加算したものといえる。

　例えば，EV/EBITDA倍率が10倍というのは，EV（企業価値）がEBITDAの10倍という意味だが，これは対象会社の企業価値がEBITDAの10年分と考えることもできる。したがって，EV/EBITDA倍率10倍で買収する場合は，EBITDAによる投資回収期間は10年，ということになる。M&Aにおいて，回収期間法の考え方を採用するのであれば，例えば，「EV/EBITDA倍率○倍以下であること」というルール設定となる。

　また，回収期間法に近い考え方として，時価純資産価額を基準にするという方法もある。例えば，時価純資産価額を清算価値と考え，時価純資産価額に上乗せするのれん（営業権）の金額を利益の何年分にするかで，それを回収期間

66 第1編 M&A戦略の立案プロセス

と考える方法である。M&Aで考慮するのれんは，利益の3～5年分などと言われることが多いが，第1章で述べたように，実際はのれんをマイナスと評価すべきケースもあり，目安を設定する際には留意を要する。「時価純資産価額＋のれん」という考え方を用いると，のれんの最低はゼロということになり，「マイナスのれん」という発想はなくなってしまう。その結果，高すぎるバリュエーションになってしまうリスクがある点は留意しなければならない。

　一方，のれんはプラスもマイナスもつけず，時価純資産価額により買収することを基本としている企業もあるが，その場合はオークションで落札できないことも多く，案件によって柔軟な対応は必要となろう。

## 2．M&A投資予算の設定

　中期経営計画において，投資予算を設定することが一般的である。その一環として，M&Aにいくらを振り向けるかといったM&A予算を開示している上場企業も多い。M&A予算の設定方法にはいろいろな考え方があろうが，例えば，以下のような方法が考えられる。

　目標とするROE（株主資本利益率）から設定したROA（総資産利益率）を実現すべく，現状の営業利益率や投下資本から，新たに必要となる投下資本と利益率を設定する。投下資本のうち，メンテナンス投資など事業運営上，必然性の高い投資案件を除いた部分が戦略投資に充当できる部分となり，その一部をM&A予算として設定することとなる（図表4-6）。

　例えば，事業AはROA10％，投下資本100，営業利益10，事業BはROA13％，投下資本200，営業利益26，全社ではROA12％，営業利益36という企業があるとする（図表4-7）。成長分野である事業Aの投下資本は150に成長，安定的な事業Bは投下資本230とした場合，全社の投下資本は380となり，全社の目標ROAを15％，事業AのROA12％，事業BのROA17％とすると，事業Aの営業利益18，事業Bの営業利益39，全社営業利益は57ということになる。結果として，投下資本＋80，営業利益＋21という意欲的な目標となるが，この投下資本

の増分の半分は内部成長，半分はM&Aとすると，M&A予算は40，ということなる。M&A投資40で，営業利益の増分21の半分を賄うかどうかは案件にもよるので単純にはいかないかもしれないが，M&A投資予算と合わせて，それによる利益やROAの増加という視点を意識することが重要である。

　なお，M&Aの投資予算やM&Aによる売上高の増加ばかりに目がいってしまうと，M&Aそのものが目的となりがちであり，その点は注意しなければならない。

### 【図表 4 － 6 】M&A予算の立案フォーマット

| 事業領域 | 売上高 | 営業利益 | 営業利益率 | 投下資本 | ROA | 投資予算 | うちM&A |
|---|---|---|---|---|---|---|---|
| A事業 | | | | | | | |
| B事業 | | | | | | | |
| C事業 | | | | | | | |
| D事業 | | | | | | | |
| 合計 | | | | | | | |

### 【図表 4 － 7 】M&A予算の立案イメージ

（現状）

| | 営業利益 | 投下資本 | ROA |
|---|---|---|---|
| 事業A | 10 | 100 | 10% |
| 事業B | 26 | 200 | 13% |
| 全社 | 36 | 300 | 12% |

（5 年後）

| | 営業利益 | 投下資本 | ROA |
|---|---|---|---|
| 事業A | 18 | 150 | 12% |
| 事業B | 39 | 230 | 17% |
| 全社 | 57 | 380 | 15% |

+80
投資総額　　80
うち
内部成長　　40
M&A　　　　40 ←中期のM&A予算

## 3．被買収企業に対する統治方針

　買収した企業をどのように統治するかは重要な方針である。統治スタイルには，大きく以下の3パターンがある（図表4−8）。

① 分権型

　買収した企業の経営陣に全面的に経営を任せるスタイル。グループとしてのシナジー効果の追求は推進・管理するものの，基本的に戦略立案や日常のオペレーションには口出しをしない。役員構成は買い手企業から若干名の役員を派遣するほか変更はなく，代表取締役も変更しない。海外企業や異業種企業の買収に適用することが多い。被買収企業の独立性が尊重されることから，被買収企業の従業員からの抵抗感は少ないというメリットがある。反面，シナジー効果が発揮しにくいというデメリットがある。ガバナンスを効かせず，単なる放任主義にならないように注意が必要である。

② 調整型

　買収した企業の経営陣に基本的には経営を任せるものの，重要な意思決定はコントロールするスタイル。役員構成は買い手企業から若干名の役員を派遣するほか，代表取締役も変更することもある。買い手企業は日常のオペレーションまで細かく管理はしないが，グループ全体最適を重視し，戦略の方向性や重要な意思決定には強く関与する。事業上の関連が強い企業の買収に適用することが多い。

③ 集権型

　買収した企業の経営について，買い手企業が細かく管理するハンズオン型のスタイル。役員構成も，買い手企業から派遣される取締役が過半数を超え，代表取締役も買い手企業から派遣し，実質的に経営をコントロールする。また，

買い手企業の業務運用ルールやノウハウ導入を推進するなど，現場レベルでの一体的なオペレーションを目指し，早期のシナジー効果を追求していく。一体型の組織運営を志向する場合や業績不振企業の買収に適用することが多い。ただし，支配色が強いと"乗っ取り"というイメージとなり，従業員のモチベーション低下や優秀な従業員が離職してしまうリスクがあるので注意が必要である。

**【図表4-8】買収した企業の統治スタイル**

| 分権型 | 調整型 | 集権型 |
|---|---|---|
| 買収した企業の経営陣に全面的に経営を任せるスタイル | 買収した企業の経営陣に基本的には経営を任せるものの，戦略の方向性については関与するスタイル | 買収した企業の経営について，買い手企業が細かく管理するハンズオン型のスタイル |
| 海外企業や異業種企業の買収に適している | 事業上の関連が強い企業の買収に適している | 一体型の組織運営を志向する場合や業績不振企業の買収に適している |

権限移譲 大　　　　　　　　　　　　　　　　　権限移譲 小

　上記の統治スタイルは，1つのスタイルのみをルールとして選択するとは限らない。むしろ，買収した企業の地域や経営状態によって，統治スタイルを使い分けることが望ましい。上記のとおり，被買収企業が業績不振企業であれば，再生に向けたてこ入れが必要であり，基本的には集権型の運営が求められる。被買収企業が海外企業の場合，一般に日本人がマネジメントすることが困難なことから，業績に問題がなければ，分権型の運営が望ましい。ただし，海外企業でも，グループ内で関連性の高い事業を行っている場合は，調整型の運営が求められよう。

70 第1編 M&A戦略の立案プロセス

## 4．実行後のモニタリングルール

　繰り返しになるが，買い手にとってM&Aは投資行為であることから，投資後のモニタリングは重要である。買収価格の前提となった収支計画は，PMIの最初に作成される，いわゆる「100日プラン」の中で，より精緻なものに置き換えられることとなる。100日プランとは，クロージング後100日間で作成する被買収企業の中期事業計画を指す。

　投資後のモニタリングは，①投資回収の進捗状況，②100日プランで策定された事業計画の進捗状況の2つを管理していくことが重要である。

### (1)　投資回収の進捗管理

　投資回収の進捗状況については，投資の意思決定基準（NPV，回収期間法等）に照らして，進捗状況を確認することとなる。NPVを採用していれば，割引率は当初計画のままとし，買収後のキャッシュフローを実績に置きなおして評価するのがよい。割引率を固定するのは，割引率にWACCを用いている場合，それは金融市場の影響を受けることとなるが，それは会社からすればアンコントローラブルであり，経営努力の評価に反映させることは望ましくないためである。投資の意思決定にEV/EBITDA倍率による回収期間法を採用している場合は，買収後のEBITDAの累計と買収金額から回収期間実績を把握することができる。そのため，EBITDAの状況をモニタリングしていくこととなる。

　なお，投資ファンドのように買収した企業を再び売却（Exit）することを想定している場合は，目標とする売却金額への到達度合いもモニタリングすることになる。その場合は，DCF法による評価にしろ，倍率法にしろ，企業価値は金融市場の影響を受けるため，割引率や株価倍率も足元のマーケットを反映したものを使用することになろう。

## (2) 事業計画の進捗状況

100日プランで策定した事業計画の進捗状況については，事業計画の進捗状況をKPI（Key Performance Indicator：重要管理指標）ごとに管理していくことになる。収益に関するKPIとしては，売上高，EBITDA，営業利益率，ROAなどが採用されることが多い。そのほか，事業計画で設定されたアクションプランに基づく活動ベースのKPIをモニタリングに用いることになる。ただし，買い手企業が，あまり細かなKPIまで管理すると，被買収企業の経営陣のモチベーションを下げることになりかねないため，どこまでを被買収企業の経営陣に任せるのかは，お互いに腹を割った協議が重要である。

> **事例5** 明確なM&A戦略とPMIノウハウで驚異の成長を実現～ダナハー

米産業機器メーカーのダナハー（Danaher Corporation）は，過去30年間で400社以上を買収し，驚異的な成長を遂げている企業である。同社の日本での知名度は低いが，2018年10月1日に同社の元CEOローレンス・カルプ氏がGE（ゼネラル・エレクトリック）のCEOに突然就任することが発表されたことは大きなニュースとなった。ウォールストリートジャーナルは，カルプ氏が指揮をとった2000～14年にダナハーの売上高と時価総額を5倍に伸ばした実績（図表4－9）を紹介し，GEは「正真正銘のオールスター選手」をCEOに迎えたと報じた[2]。

ダナハーの成長はそのM&Aの成功確率の高さによるものであるが，その背景には，明確なM&A戦略と，ダナハー・ビジネス・システム（DBS）と呼ばれる経営管理ノウハウがある。

### ■ダナハーのM&A戦略

同社のM&A戦略は，市場，企業，バリュエーションの点において，ターゲットとすべき基準が設けられている。

---

2　ウォールストリートジャーナル2018年10月2日。

【図表4-9】ダナハーの株価推移

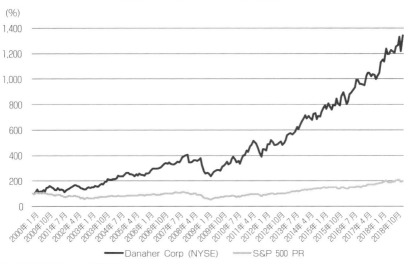

出所：SPEEDAをもとに作成

　まず，市場については，「長期的な成長が見込まれる」，「資本集約度が低い（多数乱戦業界）」，「参入障壁が高い」，「自社の事業ポートフォリオに適している」ことが要件とされている。市場がこれらの要件を満たさなければ，特定のターゲット企業を探索することはない。

　企業については，「競争力のあるマーケットポジションを築いている」，「強いブランドやチャネルを有している」，「継続的な収入拡大が予想される」，「平均以上のマージン」，「企業文化が合う」ことが要件となっている。

　バリュエーションについては，「ROICへのフォーカス」，「DBSの適用機会」，「持続可能性（Sustainability）」，「ダナハーとのシナジー」を重視するとしている[3]。

　同社は，投資銀行からの持ち込みに頼らずに，独自に有望な市場の調査を行い，複数の買収候補先を絞り込む活動を継続的に行っている。同社の最も重要

---

[3] 同社「2018 INVESTOR DAY PRESENTATION」（2018年12月13日）

なM&Aの基準は「この買収を通じて，最終的にはその産業の市場リーダーの１つになれるか」ということであり，さらに特定した買収候補先を補完する次の買収候補先まで探索しているという[4]。この点は，後述する日本電産の「詰め物買収」と相通じるものがある。

　また，同社は友好的買収を原則としており，そのために買収候補先のトップに買収の意向があることを伝えるとともに，M&A成立に向けて長期的な関係を保つことを心掛けている。売りに出ていない企業で関係を保っている買収候補企業が常に200社程度あるというから驚きである。中には10年以上も付き合っている企業もあるという。こうしたターゲット企業に対する事前活動も，日本電産と共通していることは大変興味深い。

■ダナハー・ビジネス・システム（DBS）によるPMI

　ダナハーの競争力の源泉となっているのが，ダナハー・ビジネス・システム（DBS）である。DBSは，1980年代にトヨタ生産システムに基づく収益改善プログラムとして誕生し，30年以上をかけて，技術革新，事業開発，リーダーシップ開発に関する取組みを改善していくプログラムとして発展してきた。

　DBSには，５つのコア・バリューと，コア・バリュー・ドライバー（CVDs）と呼ぶ８つのKPIが設定されている。

　５つのコア・バリューとは，「The best team wins.」「Customers talk, we listen.」「Kaizen is our way of life.」「Innovation defines our future.」「We compete for shareholders.」である。これにより，同社が，チームプレー，顧客の声，改善，イノベーション，株主を重視して経営されていることが明らかとなっている。

　８つのKPIのうち，最初の４つは財務上の指標である。具体的には，中核事業の成長，営業利益の拡大，キャッシュフローもしくは運転資本利益（working capital turns），投資資本利益である。次の２つは，デリバリーや品質といった顧客対応指標である。そして残り２つは，社内補充率（管理職ポジショ

---

4　PWC『Strategy& Foresight Vol.11 2017 Spring』https://www.strategyand.pwc.com/media/file/SF11_04.pdf

ンへの社内人材による充足率）と社員の定着率という社員関連の指標である。DBSは、これらの指標を改善するためのプロセス重視の様々なツールで構成されている。

買収後100日以内に戦略計画を策定するために、デューデリジェンス（DD）においては、同社の日常的な管理指標を用いて買収対象会社の現状と潜在的な能力を評価する。また、DDでは買収対象企業の経営陣がDBSを受け入れるかどうかも査定され、DBSを受け入れないと思われる経営者は買収後に交代させられる。DDの結果を踏まえて策定された戦略計画は、改善優先事項が明確に設定され、年次、月次、週次、日次でのPDCAにまで落とし込まれる（図表4－10）。こうして、同社は、買収した企業のブランドを残しつつ、同社の経営理念とともにDBSをそれぞれの会社に移植していくことで、収益性を改善させていく。

【図表4－10】 DBSにおける業績改善プロセス

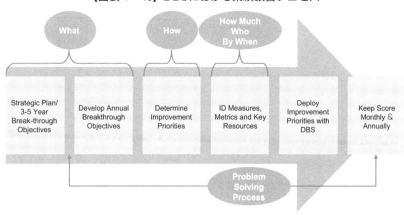

出所：同社「投資家向け説明資料2018年5月」

同社の長期的な財務指標を見ると、その成果は一目瞭然である。2000年から2017年にかけて、売上高は約5倍に増加、営業利益率は15％前後から17％前後へ増加、EBITDAマージンは17％前後から24％前後へ増加している（図表4

－11）。製造業において，毎年10社以上の買収を繰り返しながらも，高いレベルでEBITDAマージンや営業利益率を向上させているのはまさに驚異的である。

【図表４－11】 ダナハーの業績推移

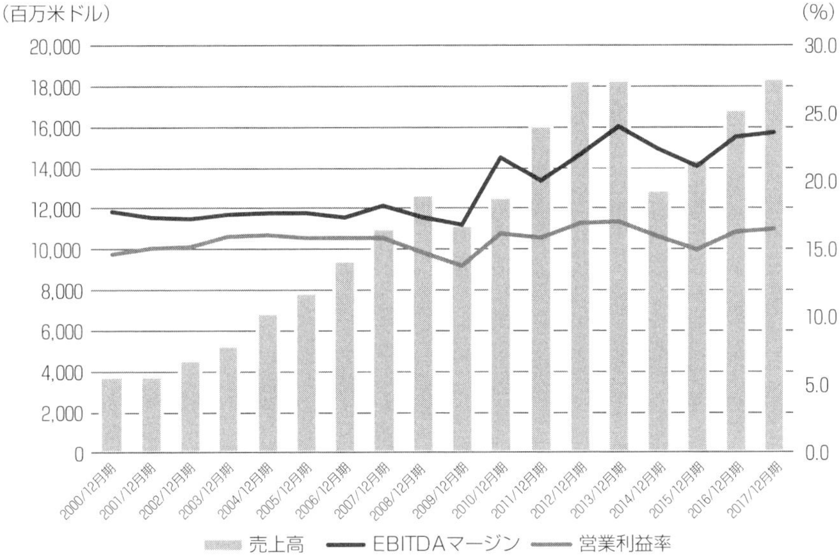

（百万米ドル）　　　　　　　　　　　　　　　　　　　　　　　　　　　　　　　（%）

売上高　　EBITDAマージン　　営業利益率

出所：SPEEDAをもとに作成

第 **2** 編

# M&A戦略の
# 15類型

第**5**章 市場浸透型M&A戦略

　製品・市場マトリックスにおける市場浸透戦略とは，既存の製品を用いて既存の市場をより深掘りしていく戦略である。市場シェアの拡大や既存顧客による製品使用量の増加を狙いにいくため，一般に，取扱製品の継続的な更新，価格ダウン，継続的な広告宣伝，ブランド・リニューアル，既存製品の新たな用途開発などが打ち手として考えられる。

　このタイプのM&A戦略には，「競合買収」と「ロールアップ戦略」がある。

**【図表 5 － 1】市場浸透型M&A戦略の類型**

| 戦略類型 | 概要 | 事例 |
|---|---|---|
| ① 競合買収 | ■ 同市場での競合他社の買収<br>■ 規模拡大によるシェア獲得，競争力向上の追求が狙い | ✓ 鉄鋼業界： 新日鉄・住金，川崎製鉄・日本鋼管<br>✓ 都市銀行： 東京三菱銀行・UFJ銀行，住友銀行・さくら銀行，第一勧業銀行・日本興業銀行・富士銀行<br>✓ 百貨店： 伊勢丹・三越，大丸・松坂屋<br>✓ 石油： JXHD・東燃ゼネラル石油，出光興産・昭和シェル石油 |
| ② ロールアップ戦略 | ■ 相対的に規模の小さな企業を連続的に買収<br>■ 規模拡大と効率向上による収益拡大が狙い | ✓ ゴルフ場業界： アコーディア・ゴルフ，PGMHD<br>✓ タクシー業界： 第一交通産業<br>✓ 調剤薬局： アインHD，日本調剤，クオールHD<br>✓ 食品： ジャパン・フード&リカー・アライアンス |

## 1．M&A戦略①　競合買収

### (1)　概要

　「競合買収」とは，同じ市場で戦う競合他社を買収する戦略をいう。シェア
アップによって市場支配力が高まることで，過当競争による収益力低下を防ぐ
ことができるほか，事業規模が拡大することで規模の経済性が働いてコスト競
争力が高まることなどが期待できる。

　金融，鉄鋼，化学，石油，製紙，医薬品，通信，流通など，多くの業界の大
手企業同士による合併や経営統合がその典型である。固定費が高い装置産業で
は特に効果的である。

　主要な企業の経営統合は，その業界内での経営統合を加速させることが多い。
主要企業の経営統合により，業界内でのパワーバランスが崩れることにより，
競争環境が大きく変化することが予想されるため，他の競合他社は競争力を確
保するために他社との統合を急ぐためである。

　例えば，金融ビッグバンを契機に，1990年代半ばには13行あった都市銀行は，
10年あまりのうちに4大金融グループに統合されたのは象徴的である。1996年
4月の三菱銀行と東京銀行の合併を皮切りに，2000年9月の日本興業銀行，富
士銀行，第一勧業銀行の統合によるみずほホールディングスの誕生，2001年4
月のさくら銀行と住友銀行の合併による三井住友銀行の誕生，2001年4月の三
和銀行と東海銀行，東洋信託銀行の統合によるUFJホールディングスの誕生，
2003年3月のあさひ銀行と大和銀行の合併によるりそな銀行の誕生，2006年1
月の東京三菱銀行とUFJ銀行の合併による三菱東京UFJ銀行（現三菱UFJ銀行）
の誕生という具合に，都市銀行を中心とした業界再編が一気に進んだ。

　最近では，2015年7月の出光興産と昭和シェル石油の統合発表に触発され，
JXホールディングスと東燃ゼネラル石油が同年12月に経営統合に向けた検討
を発表，2017年4月には統合を実現した石油業界での動きは記憶に新しい。

## (2) 経営統合スキーム

　競合他社の買収においては，買収前に競合関係があったために，被買収企業側の社員感情が悪化することを危惧するケースも多い。そのため，対等の精神を掲げて，合併や株式移転により共同持株会社を設立して経営統合するという形態をとることも珍しくない。ただし，こうした形態をとることができるのは，買収企業が上場企業である場合がほとんどである。なぜなら，被買収企業の株主に交付される対価は，基本的に買収企業の株式となるためである（図表5－2）。

　買収企業が非上場の場合は，いきなり合併や株式移転を活用すると，被買収企業の株主に非上場株式が割り当てられてしまうため，スキーム上はひと工夫が必要となる。例えば，一旦，買収企業が現金対価により株式譲渡で買収し，その後，両社を合併する，もしくは，株式譲渡後に株式移転により持株会社を設立して両社を並列化するといった方法が考えられる（図表5－3）。

**【図表5－2】経営統合スキーム（買収企業が上場企業の場合）**

(1) 買収企業を存続会社とする合併の場合

(2) 買収企業と被買収企業を共同株式移転により統合する場合

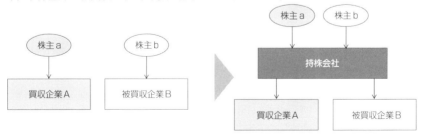

## 【図表5-3】経営統合スキーム（買収企業が非上場企業の場合）

(1) 買収企業を存続会社とする合併の場合

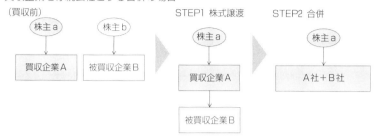

(2) 買収企業と被買収企業を共同株式移転により統合する場合

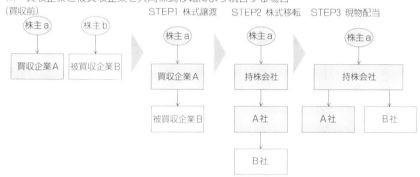

### 事例6　業界の雄への執念～JXTGホールディングス

　日本の石油業界は，再編を繰り返してきた代表的な業界の1つである。90年代前半には10社以上あった石油元売会社は，現在ではJXTGグループと出光昭和シェルグループで国内の石油製品販売シェアの8割を押さえる2大グループに集約された（図表5-4）。

　中でもかつて業界の雄であった日本石油が繰り広げた相次ぐ経営統合は，執念と呼ぶにふさわしい。日本石油は，戦前から戦後にかけて長らく業界トップの座に君臨したが，1995年3月期，売上高で出光興産に首位を明け渡すこととなった。1911年に日本石油の販売店として創業した出光興産が，日本石油から首位の座を奪い取ったのは，まさに出藍の誉れであった。その後，日本石油は

**【図表5－4】石油業界の変遷**

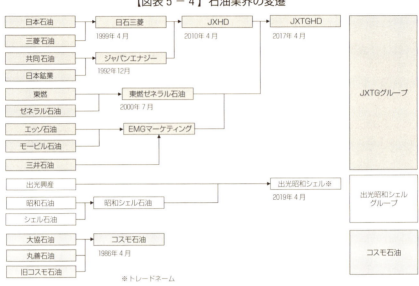

　1999年に三菱石油と合併し，再び業界首位の座を確たるものとした。2010年には新日鉱ホールディングスとの経営統合も果たし，国内石油製品販売シェア3割を握るJXグループが誕生した。

　2015年7月，出光興産と昭和シェル石油の経営統合が発表された。両社のシェアを合算すると3割に達し，JXは再び業界首位の座を脅かされることとなった。その後のJXの動きは非常に早かった。同年12月には東燃ゼネラル石油と経営統合の検討を開始することを発表。創業家との交渉に手間取っている出光を尻目に，2017年4月には経営統合を実現してJXTGグループが誕生したのである。

　大きく2陣営に集約された石油業界の大型再編は，しばらくこれで落ち着くであろう。地球温暖化対策として加速する脱化石燃料の流れや自動車の電動化に伴うガソリン需要の減少など，石油業界を取り巻く環境は非常に厳しい。2陣営への集約により，足元は過度な価格競争が鳴りを潜めたことで業界の収益

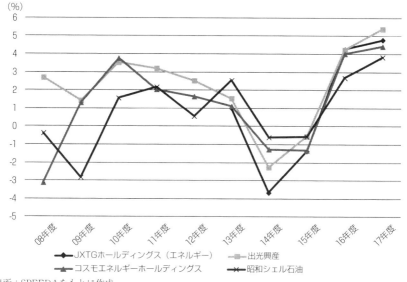

【図表5-5】石油業界の営業利益率推移

出所：SPEEDAをもとに作成

性は改善されているが，今後は拍車のかかる石油需要の減退の中，生き残りをかけた大胆な事業構造の転換が各社の最重要課題となろう（図表5-5）。

### 事例7　業界再編後の明暗を分けた王子製紙と日本製紙

　製紙業界は石油業界よりも先行して業界再編が進んだ業界である。紙パルプ製品は差異化が難しいことから，経営統合による規模の経済性が働きやすい。1990年代までに，王子製紙，日本製紙を中心とした業界再編が進み，現在は王子ホールディングスと日本製紙の2社で市場シェア4割，大王製紙，レンゴー，北越コーポレーション，中越パルプ工業，三菱製紙，特種東海製紙，丸住製紙までの9社で市場シェア7割以上を占める寡占状態となっている。

　2強である王子ホールディングスと日本製紙は，同業者との統合を繰り返し，1990年代後半にはともに売上高1兆円を超えるまでに成長したが，2010年代以

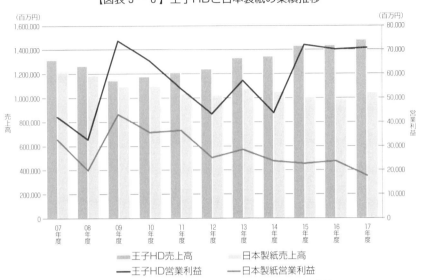

【図表5－6】王子HDと日本製紙の業績推移

※2008年3月期～2012年3月期の日本製紙は、日本製紙グループ本社の連結業績
出所：SPEEDAをもとに作成

降、両社の成長には格差が生じている。営業利益段階では、王子ホールディングスの708億円に対し、日本製紙は176億円と、4倍もの格差となっている（2017年度）（図表5－6）。他の製紙大手の営業利益も200億円以下となっており、国内では王子ホールディングスの一人勝ち状態といえる（図表5－7）。

その背景には、王子ホールディングスが時代を先読みし、市場環境の変化に対応した事業構造の転換力がある（図表5－8）。同社は、従来、主軸の生活産業資材（旧紙パルプ製品）が収益を牽引していたが、近年では資源環境ビジネス（木材事業、パルプ事業、エネルギー事業）や機能材（特殊紙事業、感熱紙事業、粘着事業、フィルム事業）の収益性が高い。1990年代半ばから、コンピュータの普及により紙需要は2005年から減っていくとみて、20年以上をかけ、成長分野であるパルプ事業や段ボール事業などのM&Aを重ねた。日本の製紙各社とブラジル企業の合弁によるパルプ製造会社のセニブラ社を、他の日本企業が撤退する中、段階的に300億円近くを投じて連結子会社化したのはその象

徴である[1]。現在，ティッシュなどの家庭紙やネット通販の拡大により段ボールの需要が増え，パルプは世界的に需要が高まっている。

一方の日本製紙は，事業構造の転換は進んでおらず，従来の主力であった紙パルプ事業の収益の落ち込みが，そのまま全体の収益の落ち込みとなっている（図表5－9）。

こうした近年の製紙業界の動向は，業界再編により，規模の経済性を発揮して主力事業の収益力が改善したのちも，市場環境の変化に合わせて事業構造を転換していく不断の努力が必要なことを示唆している。

**【図表5－7】製紙大手の売上高・営業利益（2017年度）**

（百万円）

|  | 売上高 | 営業利益 |
|---|---|---|
| 王子ホールディングス | 1,485,895 | 70,781 |
| 日本製紙 | 1,046,499 | 17,613 |
| レンゴー | 605,712 | 17,082 |
| 大王製紙 | 531,311 | 11,062 |
| 北越コーポレーション | 269,099 | 11,414 |
| 三菱製紙 | 201,492 | 1,790 |
| 中越パルプ工業 | 94,824 | −1,242 |
| 特種東海製紙 | 79,086 | 3,932 |
| 丸住製紙(非上場) | 63,239 | −1,608 |

出所：SPEEDAをもとに作成

---

1　日本経済新聞2018年10月10日，2018年10月29日。

第2編　M&A戦略の15類型

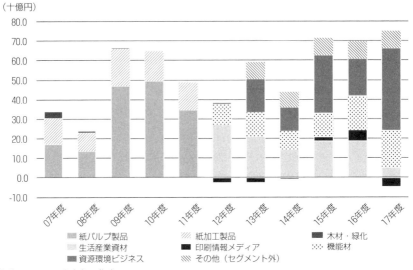

【図表5-8】王子HDのセグメント別営業利益推移

出所：SPEEDAをもとに作成

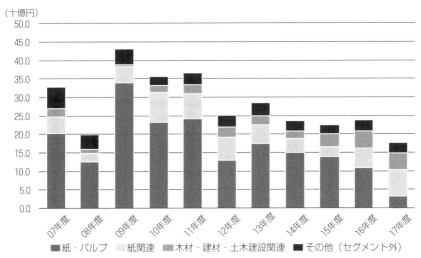

【図表5-9】日本製紙のセグメント別営業利益推移

出所：SPEEDAをもとに作成

## 2．M&A戦略②　ロールアップ戦略

### ⑴　概要

　「ロールアップ戦略」とは，比較的規模の小さな同業者を複数買収することにより，事業規模を拡大するとともに，経営資源の共有化を推進することで，短期間で収益性の改善を図る戦略をいう。タクシー，バス，ゴルフ場，ホテル，ケーブルテレビ，食品，外食など経営効率の低い小規模事業者の乱立する業界で覇権を狙う企業がその典型である。

　キーワードは，「規模の経済性」である。一社一社の規模は小さくともグループとしてまとまることで，一社では到底できないレベルのコスト削減やネットワーク効果を実現することが可能となる。そのため，業績不振企業であっても，買収後ただちに共同購買や共同物流などによるコストシナジーが発揮され，短期間で業績が回復する例も多い。

　また，自ら事業を営まない投資ファンドでも，買収した傘下企業間でのシナジー効果を追求したM&Aを実現できることから，投資ファンドが得意とする戦略でもある。

　最近では，ロールアップ戦略をさらに拡張した「プラットフォーム戦略」も出現している。これは，事業会社と投資ファンドの中間的な性格を持つ企業が，特定の業界にフォーカスしたM&Aを連続的に行いつつ，傘下企業のシナジー効果を最大化するための基盤（プラットフォーム）を提供する戦略である。この戦略については，第9章で取り上げる。

### ⑵　「規模の経済性」に関する論点

　既存事業をターゲットとする市場浸透型M&A戦略においては，規模の経済性による収益性の改善が期待される。規模の経済性とは，事業規模が大きいほどコストが下がり経営効率が高まることを指す。特に，ロールアップ戦略では，経営効率の悪い業績不振企業であっても，買収後ただちに共同購買などの規模

88　第2編　M&A戦略の15類型

の経済性を活かしたコストシナジーが発揮され，短期間で業績が回復する例も
多い。

　一方，企業規模の拡大とともに収益性が悪化するという「規模の不経済」と
いう現象には注意が必要である。規模の経済性は，事業規模が拡大する前から
存在する資産に追加投資をすることなく，規模拡大後もそれを使い続けること
から発生するが，規模の拡大がある程度を超えると既存資産に再投資が必要と
なることが規模の不経済を招く[2]。このように，一定規模を超えた場合にコスト
が上昇してしまう現象を「収穫逓減」といい，一般的な産業では多く見られる
現象である。

　ただし，ソフトウェアやネットビジネスでは，規模が拡大すればするほどコ
ストが下がり続けるといわれ，こうした現象を「収穫逓増」という。ソフト
ウェアやネットビジネスは，大型設備や原材料が不要で，主なコストは開発費
である。そのため，生産量が多くなるほどコストが下がり続け，利益率が上昇
していく[3]。

　なお，従来，規模の経済性は主に供給サイドで生じるものと考えられてきた。
事業規模が拡大することで，調達，生産，物流，マーケティング，情報システ
ム等，あらゆるコストが低減される。そして，業界の最大手企業は高いコスト
競争力を享受することができる。

　近年，テクノロジーの進歩に伴い，SNSやシェアリングビジネスに代表され
るネットワーク効果を背景とした，需要サイドの規模の経済性が競争優位の源
泉となりつつある。ネットワーク効果とは，利用者が増えるほど製品やサービ
スの価値が上がることを意味する経済原理のことである[4]。プラットフォーム市
場で最も大きな企業は，競争相手には手も足も出ないネットワーク効果という
優位性を持てるようになる[5]。今後は，需要サイドの規模の経済性を目的とした

---

2　三品和広『戦略不全の論理』（東洋経済新報社，2004）57頁。
3　根来龍之『プラットフォームの教科書』（日経BP社，2017）60頁。
4　根来・前掲注（3）62頁。
5　ジェフリー・G・パーカーほか著，妹尾堅一郎監訳『プラットフォーム・レボリュー
　ション』（ダイヤモンド社，2018）31頁。

第5章　市場浸透型M&A戦略　89

M&Aが増加することが予想される。

### 事例8　ロールアップによる事業再生〜ゴルフ場業界

　ゴルフ場業界では，アコーディアグループとPGMグループが2大プレーヤーとなっている。ゴルフ場は全国に2,300弱あるが，そのうち，アコーディアグループで133（2017年3月31日時点），PGMグループで139（2018年10月1日時点）と，両グループで約12％のシェアを誇る。

　ゴルフ場の運営には，多額の人件費とコース維持費用がかかる一方，ゴルフ人口の減少や低価格化の進展により収益状況は厳しく，ゴルフ場の半数近くが赤字といわれる。そこに追い打ちをかけたのが預託金償還問題で，1990年代後半から全国で破綻するゴルフ場が相次いだ。そして，その再生スポンサーとなって買収を繰り返したのが，アコーディアやPGMであった。

　両社は，ITを活用した予約システムやマーケティング手法の導入，スケールメリットを活かした集中購買や管理部門の集約化によるコスト削減，標準的な運営モデル導入による運営の効率化等，規模の経済性を発揮して収益性を高める戦略を取っている。これにより，大手2社の営業利益率は概ね15％程度を確保しているものと推察される（図表5-10）。なお，九州で遊園地やゴルフ場を運営するグリーンランドリゾート（東証二部上場）のゴルフ事業（3ゴルフ場運営）の営業利益率は概ね5％前後となっており，大手2社の収益率がいかに高いかが分かる（図表5-11）。

　なお，PGMは，2015年8月にパチンコ機器メーカーの平和の完全子会社となり非公開化した。一方のアコーディアは，2017年に投資ファンドMBKパートナーズと組んだMBOにより非公開化している。

90　第2編　M&A戦略の15類型

【図表5-10】ゴルフ場大手2社の営業利益率推移

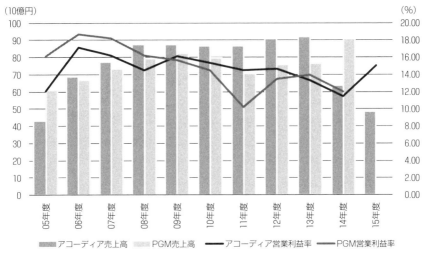

出所：SPEEDAをもとに作成

【図表5-11】PGMとグリーンランドリゾートのゴルフ事業の収益率

| 平和（PGM） | 2015/03期 | 2016/03期 | 2017/03期 | 2018/03期 |
|---|---|---|---|---|
| 売上高（百万円） | 74,872 | 77,095 | 78,090 | 81,227 |
| 営業利益（百万円） | 12,127 | 12,427 | 10,935 | 9,930 |
| 営業利益率（%） | 16.2 | 16.1 | 14.0 | 12.2 |

| グリーンランドリゾート | 2014/12期 | 2015/12期 | 2016/12期 | 2017/12期 |
|---|---|---|---|---|
| 売上高（百万円） | 1,035 | 1,093 | 1,007 | 1,037 |
| 営業利益（百万円） | 34 | 67 | 27 | 49 |
| 営業利益率（%） | 3.3 | 6.1 | 2.7 | 4.7 |

出所：有価証券報告書のセグメント情報（SPEEDAをもとに作成）
注：PGMは平和のセグメント情報より

第5章　市場浸透型M&A戦略　　91

## 事例9　広域型ロールアップで業界首位に成長～第一交通産業

　第一交通産業は，タクシー事業を核に，バス，不動産，金融事業を手掛ける地域密着の総合生活産業を掲げる北九州市に本社を置く企業である。2018年3月期は，売上高1,007億円（うちタクシー事業は558億円），経常利益67億円と，タクシー業界の最大手である。同社は，1960年6月にタクシー5台で創業。現在は許可台数8,200台を超えるまでに成長した。

　その成長の原動力は，大手私鉄タクシー部門を含む全国のタクシー事業者の買収である。タクシー事業を営むグループ会社数は126社を誇り，その大半が買収した企業である。1996年1月～2016年6月の20年間に行われたタクシー業界のM&Aの53%が同社によるものである[6]。

　タクシー業界は，小規模事業者が大半を占める典型的な分散型の業界である。全国のタクシー事業者約16,000社のうち，車両数規模別では，10両未満が約7割，30両未満では8割強を占める（図表5-12）。また，タクシーの原価の7割強が人件費という労働集約型産業ではあるが，その他は燃料費や保険料，自動車リース料など，規模の経済性が効きやすい原価構造でもある（図表5-13）。

　業界大手の大和自動車交通（タクシー台数2,400台超（2017年度））と第一交通産業のタクシー事業の営業利益率を比較すると，第一交通産業の営業利益率が明らかに高いことが分かる（図表5-14）。同社はロールアップ型のM&Aにより規模の経済性を発揮して，高い競争力を発揮しているといえる。

---

6　同社IR資料2018年8月6日。

**【図表 5−12】車両数規模別法人タクシー事業者数（2016年度）**

出所：全国ハイヤー・タクシー連合会

**【図表 5−13】法人タクシーの原価構成**

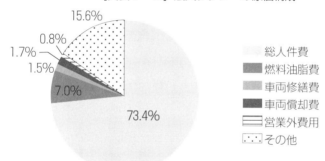

出所：（一社）東京ハイヤー・タクシー協会『東京のタクシー』

第5章　市場浸透型M&A戦略　　93

【図表 5 −14】第一交通産業の営業利益率

| 第一交通産業 | 2015/03期 | 2016/03期 | 2017/03期 | 2018/03期 |
|---|---|---|---|---|
| 売上高（百万円） | 53,422 | 54,052 | 55,002 | 55,823 |
| 営業利益（百万円） | 1,855 | 1,742 | 1,951 | 1,262 |
| 営業利益率（%） | 3.5 | 3.2 | 3.5 | 2.3 |

| 大和自動車交通 | 2015/03期 | 2016/03期 | 2017/03期 | 2018/03期 |
|---|---|---|---|---|
| 売上高（百万円） | 12,716 | 12,638 | 12,350 | 12,543 |
| 営業利益（百万円） | 132 | 92 | 24 | 5 |
| 営業利益率（%） | 1.0 | 0.7 | 0.2 | 0.04 |

出所：有価証券報告書のセグメント情報（SPEEDAをもとに作成）

### 事例10　大手による集約が急速に進む調剤薬局業界

　調剤薬局は大部分が家族経営の小規模事業者であり，分散型の業界構造となっている。厚生労働省によると，2016年度末時点の国内薬局数は約 5 万9,000店と，約 5 万5,000店あるコンビニよりも多い。調剤薬局大手 5 社（アインホールディングス，日本調剤，クオールホールディングス，総合メディカルホールディングス，メディカルシステムネットワーク）の店舗数は，合計3,418店（2017年度）にすぎず，シェアは 1 割未満である。それでも，薬局の経営者の高齢化や薬剤師の不足による事業の継続が困難になってきていることなどを背景に，業界内でのM&Aが増加し，徐々に大手への集約が進んでいる（図表 5 −15）。

　調剤薬局の主な収益源は，調剤等による技術料と薬価差益である。薬価差益とは，医薬品の仕入価格と薬価基準による公定価格との差である。仕入価格は医薬品卸との交渉により決まり，仕入価格が低いほど薬価差も拡大することになる。当然，規模が大きいほど医薬品卸への交渉力も強くなるため，調剤薬局も規模の経済性が効く。実際，調剤薬局大手各社の営業利益率を比較すると，売上高と利益率の相関性が高いことが分かる（図表 5 −16）。

94　第2編　M&A戦略の15類型

　調剤報酬の引き下げや将来のインターネット販売への脅威もあり，調剤各社はM&Aによる規模拡大を加速させているほか，ドラッグストア業態の出店，薬剤師を中心とした医療従事者の派遣・紹介事業，訪問介護事業など，関連事業の展開も合わせて推進している。

【図表5－15】大手5社の調剤薬局店舗数の推移

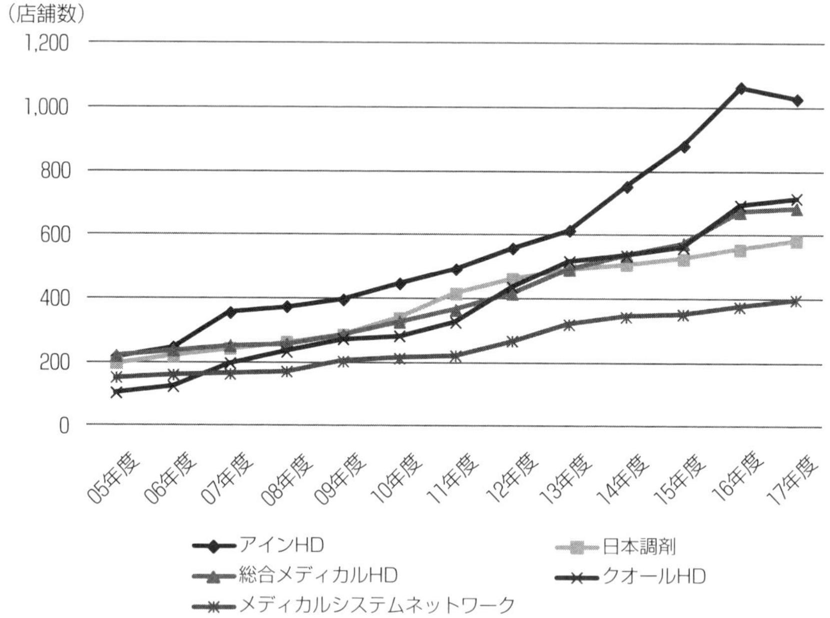

出所：SPEEDAをもとに作成

第 5 章　市場浸透型M&A戦略　　95

【図表 5 −16】調剤薬局業界の営業利益率（2017年度）

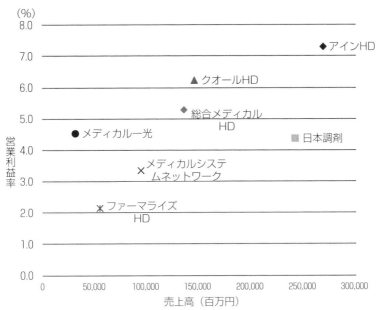

出所：SPEEDAをもとに作成
注：売上高に占める調剤薬局部門の売上高が50％以上の企業を抽出

96 第2編 M&A戦略の15類型

# 第6章 製品開発型M&A戦略

　製品・市場マトリックスにおける新製品開発戦略とは，新規の製品を用いて既存の市場で成長を実現する戦略である。一般には，製品ラインナップの拡充や新技術開発がその打ち手となる。この類型のM&A戦略には，「製品拡張戦略」「許認可買収」「技術買収（A&D)」「ブランド買収」がある。

【図表6−1】製品開発型M&A戦略の類型

| 戦略類型 | 概要 | 事例 |
|---|---|---|
| 3 製品拡張戦略 | ■ 関連性のある製品・サービスを扱う企業の買収<br>■ 商品特性が異なることから，独自の商品開発や人材，サービスノウハウ，取引関係を獲得することを企図 | ✓ 電子部品： 日本電産，村田製作所<br>✓ 外食： コロワイド，トリドール<br>✓ 学習塾： 増進会HD（Z会），ベネッセHD，ナガセ |
| 4 許認可買収 | ■ 新規に取得が難しい許認可を保有する企業の買収<br>■ 許認可という参入障壁があることから，競争環境が緩やかで利益率の高い事業が多い | ✓ 通信： ソフトバンク<br>✓ 産業廃棄物： タケエイ<br>✓ 病院 |
| 5 技術買収（A&D） | ■ 自社での開発が困難な技術の獲得を目的とした買収<br>■ 研究開発にかかる時間の短縮，開発結果の成功確率の向上が狙い | ✓ IT・通信機器： グーグル，シスコシステムズ<br>✓ 製薬： 武田薬品工業，アステラス製薬<br>✓ 機能性化学： 富士フイルム |
| 6 ブランド買収 | ■ ブランド力のある商品や事業の買収<br>■ ブランドロイヤリティの高い顧客層の獲得，高付加価値な商品開発力の強化が狙い | ✓ 化粧品・日用品： 花王・カネボウ化粧品，P&G<br>✓ アパレル： ファーストリテイリング，LVMH<br>✓ 食品： サントリーHD，Nestlé |

## 1. M&A戦略③　製品拡張戦略

### (1)　概要

　「製品拡張戦略」とは，買収によって取扱い製品や顧客への提供機能・サービスを拡張する戦略をいう。新製品開発に時間を要する製造業でよく見られる。例えば，日本電産が「回るもの，動くもの」に特化して連続的にM&Aを実施して急成長していることは有名である。村田製作所は，自社の製品から近い領域での買収により領域を広げていくという「にじみ出し戦略」を採っている。モジュール化が進む電子部品業界では，関連する部品を組み合わせてモジュールとして顧客に供給することで競争力を高めることが重要であり，その手段としてM&Aが活用されるケースが多い。

　また，製造業だけでなく，サービス業においてもこの戦略はあてはまる。例えば，外食産業では，変化する消費者ニーズに対応するため，複数ブランド・業態の展開が重要であり，既存の業態とは異なる業態を運営する企業の買収が日常茶飯事である。学習塾業界では，加速する少子化や学習塾市場の成熟に伴って，集団指導塾が個別指導塾を買収するなど，教育のラインナップを拡充するような買収が活発である。

### (2)　製品拡張の方向性

　製品拡張には，大きく3つの方向性と4つの検討課題が挙げられる[1]。

### ①　3つの製品拡張の方向性

#### ⅰ　製品特性の追加

　既存製品に新たな特性を追加すること。追加される特性によって，従来から新たな機能，性能，用途などが広がることで，より市場の浸透を図る。M&A

---

1　デービッド・アーカー著，今枝昌宏訳『戦略立案ハンドブック』（東洋経済新報社，2002）299頁以下。

においては，既存製品に適用できる技術や製品・サービスを有している企業がターゲットとなる。

### ⅱ　新世代製品の開発

　新技術を用いて，既存製品に代わる新世代製品を開発すること。一般に，新技術の開発には時間とコストがかかる上，製品化できる成功確率も高くはない。そこで，M&Aにおいては，必要な技術を明確化した上で，技術買収の観点も踏まえてターゲット企業を探索することになる。

### ⅲ　既存市場に向けた新製品の拡張

　既存製品の顧客に対し，新たな製品ラインナップを追加すること。既存の強いブランドを新たな製品分野へ適用することは，新分野での成功の後押しとなる。M&Aにおいては，既存製品との関連のある製品群を取り扱う企業がターゲット候補となる。

### ②　検討すべき4つの観点

ⅰ　顧客は，広範な製品ラインによって可能となったシステムとしての機能やサービスの便宜性から，利益を受けることができるか。

ⅱ　製品ラインの拡張により，生産，マーケティングあるいは流通上のコスト効率が生まれるか。

ⅲ　既存の生産設備と能力が，製品ラインの拡張に適用できるか。

ⅳ　企業は研究開発，マーケティングなどの領域において，新たな製品を追加するのに必要な能力と資源を持っているか。

　これらの観点においては，自社単独では実現が困難であっても，M&Aによって克服できるのであれば，この戦略は推進可能となる。そうしたことからも，製品拡張型M&Aにおいては，上記の観点を意識してターゲット企業を評価することが重要である。

## 第6章 製品開発型M&A戦略

### 事例11　日本を代表するM&A巧者～日本電産

　日本電産は，いわずと知れた日本を代表するM&A巧者である。同社は，1973年に永守重信氏が4名で創業して以来，「回るもの，動くもの」にフォーカスした積極的な事業展開により，2017年度には売上高1兆4,881億円，グループ従業員数約11万人と，世界ナンバーワンの総合モーターメーカーに成長している。さらに，2020年度には売上高2兆円，2030年度には同10兆円という高い目標を掲げている。

　かつては「精密小型モータ」の1本柱であったが，2012年度以降は「精密小型モータ」，「家電・商業・産業用製品」，「車載用製品」，「その他の製品グループ」を4本柱とする事業構造の転換を進めている（図表6－2）。2020年度には，「車載用製品」の売上高を7,000億円～1兆円にまで高める計画である。

【図表6－2】日本電産の業績推移

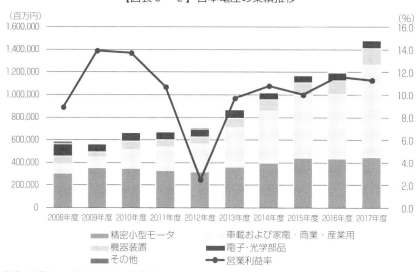

出所：同社ウェブサイトをもとに作成

## ■日本電産のM&A流儀

　同社はM&Aを重要な成長戦略と位置付けており，これまでに60社あまりのM&Aを成就してきた（2018年12月末時点）（図表6－3）。これだけのM&Aを実施しつつも，営業利益率10%を超える高い利益率を維持していることは称賛に値する。

　同社は，「シナジーを生み出す案件の選定」，「適正価格での買収」，「買収後のマネジメント力強化（PMI）」を日本電産流のM&Aの鉄則としている。以下，M&Aの各段階における同社のM&A流儀を紹介する（図表6－4）。

　プレM&A段階では，M&Aの専門部署（企業戦略室）を社内に配置して，M&Aのノウハウを社内に蓄積している。専門部署が日常的にターゲット企業をモニタリングすることで，最適なタイミングで買収交渉を開始することが可能となる。また，獲得すべき事業領域や地域を明確化した戦略マップを策定し，それを社内外に公表することで，投資銀行からの潜在的買収先の提案を可能にし，買収機会を最大化している。

　永守会長は，「イチロー式」といっているが，M&Aにおいてホームラン（大型案件）は狙わない方針である。なぜなら，大型案件は減損リスクが大きいためである。目安としては，１案件当たり時価総額の５%を上限としている。

　そして，毎年正月にターゲット企業のCEOに対して永守会長自ら買収意向の手紙を送付し，継続的な関係を維持している。買収実現までには平均５年，最長で16年かかっているというが，狙った企業を買収するには粘り強い活動が必要だということを示唆している。

　M&A実行段階では，適正価格での買収にこだわり，高値摑みをしないことを鉄則としている。独自の企業価値算定方式により算定し，価格が合わなければ買わないことを徹底している。ただし，競争相手に取られると困るときは，多少高くても買うことはあるという。

　また，トップがM&Aに強力にコミットすることで，意思決定のスピードを加速し，競合相手が交渉を始める前にディールを完了するようにしている。これにより，結果的に買収競争にならずに適正価格での買収が可能となる。

## 【図表6－3】 日本電産のM&A実績

| | 年 | 月 | 国内 |
|---|---|---|---|
| 1 | 1989年 | 1月 | デーシーパック |
| 2 | | 3月 | 信濃特機 |
| 3 | 1992年 | 1月 | シーゲート社精密複合部品部門 |
| 4 | 1993年 | 10月 | 真坂電子 |
| 5 | 1995年 | 2月 | 共立マシナリ |
| 6 | | 2月 | シンポ工業 |
| 7 | 1996年 | 2月 | 大三工業 |
| 8 | | 3月 | トーソク |
| 9 | 1997年 | 4月 | リードエレクトロニクス |
| 10 | | 5月 | 京利工業 |
| 11 | | 10月 | 日本電産パワーゼネラル |
| 12 | 1998年 | 2月 | コパル |
| 13 | | 2月 | コパル電子 |
| 14 | | 2月 | ピー・エス・テー |
| 15 | | 10月 | 芝浦電産 |
| 16 | 1999年 | 5月 | 共和ハイテック |
| 17 | | 10月 | ネミコン |
| 18 | 2000年 | 3月 | ワイ・イー・ドライブ |
| 19 | 2003年 | 10月 | 三協精機製作所 |
| 20 | 2006年 | 11月 | フジソク |
| 21 | 2007年 | 4月 | 日本サーボ |
| 22 | 2011年 | 7月 | 三洋精密 |
| 23 | 2014年 | 1月 | 三菱マテリアルシーエムアイ |
| 24 | | 3月 | ホンダエレシス |
| 25 | 2017年 | 10月 | 東京丸善工業株式会社 |

| | 年 | 月 | 海外 |
|---|---|---|---|
| 1 | 1984年 | 2月 | トリン社軸流ファン部門（アメリカ） |
| 2 | 1991年 | 5月 | パワーゼネラル社（アメリカ） |
| 3 | 1998年 | 2月 | コーンアートキルンINC（カナダ） |
| 4 | 2000年 | 10月 | シーゲート社ランシット工場モータ部門（タイ） |
| 5 | 2006年 | 12月 | ヴァレオ社モーター＆アクチュエーター事業部門（フランス） |
| 6 | 2007年 | 2月 | Brilliant社（シンガポール） |
| 7 | 2010年 | 1月 | ACC家電用モータ事業（イタリア） |
| 8 | | 2月 | SC WADO Co.,Ltd（タイ） |
| 9 | | 9月 | Emerson Electric社モーター＆コントロール事業（アメリカ） |
| 10 | 2012年 | 4月 | The Minster Machine Company(アメリカ) |
| 11 | | 5月 | Ansaldo Sistemi Industriali社（イタリア） |
| 12 | | 9月 | Avtron Industrial Automation, Inc.(アメリカ) |
| 13 | | 10月 | SCD Co., Ltd（韓国） |
| 14 | | 11月 | Kinetek Group Inc.（アメリカ） |
| 15 | | 12月 | 江蘇凱宇汽車電器有限公司（中国） |
| 16 | 2015年 | 2月 | Geräte-und Pumpenbau GmbH Dr.Eugen Schmidt（ドイツ） |
| 17 | | 5月 | Motortecnica s.r.l.（イタリア） |
| 18 | | 7月 | China Tex Mechanical&Electrical Engineering社（SRモータ・ドライブ事業）（中国） |
| 19 | | 8月 | Arisa.S.A.（スペイン） |
| 20 | | 8月 | KB Electronics,Inc.（アメリカ） |
| 21 | | 9月 | E.M.G.Elettromeccanica S.r.l.(イタリア) |
| 22 | | 9月 | PT.NAGATA OPTO INDONESIA(インドネシア) |
| 23 | 2016年 | 5月 | E.C.E S.r.l（イタリア） |
| 24 | | 5月 | ANA IMEP S.A.（ルーマニア） |
| 25 | | 12月 | Canton Elevator,Inc.（アメリカ） |
| 26 | 2017年 | 1月 | Emerson Electric社モータ事業および発電機事業（フランス） |
| 27 | | 1月 | Emerson Electric社ドライブ事業(イギリス) |
| 28 | | 3月 | ヴァムコ・インターナショナル社（アメリカ） |
| 29 | | 7月 | LGB エレットロポンペ社（イタリア） |
| 30 | | 7月 | セコップグループ（ドイツ） |
| 31 | | 10月 | SVプローブ社（シンガポール） |
| 32 | | 11月 | ドライブエクスパート社（ドイツ） |
| 33 | 2018年 | 4月 | ジェンマーク社（アメリカ） |
| 34 | | 7月 | チーマ社（イタリア） |
| 35 | | 8月 | MSグレスナー社（ドイツ） |
| 36 | | 11月 | CCI社（台湾） |

出所：同社ウェブサイトをもとに作成

102　第2編　M&A戦略の15類型

## 【図表6-4】日本電産のM&A流儀

| | | |
|---|---|---|
| プレM&A | M&Aの専門部署を社内に配置 | ■ 社外から人材を登用し，M&A専門部署（企業戦略室）を設置，ノウハウを社内に蓄積することで，シナジーおよび買収価格の評価能力を向上<br>■ 専門部署が日常的にターゲット企業をモニタリングすることで，最適なタイミングで買収交渉を開始 |
| | M&A戦略マップを策定・「イチロー式」 | ■ 獲得すべき事業領域，地域を明確化した戦略マップを策定・社内外に公表することで，投資銀行からの潜在的買収先の提案を可能にし，買収機会を最大化<br>■ ホームラン（大型案件）は狙わない。大型案件は減損リスク大。1案件当たり，時価総額の5％を上限 |
| | 粘り強い買収提案 | ■ 毎年正月にターゲット企業のCEOに対して，永守会長自ら買収意向を伝える手紙を送付<br>■ 平均5年，最長16年かけてM&Aを成就<br>■ 口説き文句は「一緒になって世界一になろう」 |
| M&A実行 | M&Aに対するトップの強力なコミットメント | ■ トップはM&A案件に強力にコミットすることで，意思決定のスピードを加速し，競合相手が交渉を始める前にディールを完了<br>　⇒結果として競争が生まれず市場価格で買収可能 |
| | 高値掴みしない | ■ 永守式企業価値算定方式により算定し，値段が合わなければ買わない。買う時に焦ってはいけない<br>■ ただし，競争相手に取られると困るときは多少高くても買う |
| PMI | 最適なPMI担当者の選任・ハンズオン | ■ 誰がPMIを担当するかにこだわる。海外M&AのPMIは，日本人ではなく現地人に任せる<br>■ トップが工場訪問し，うまくいっていなければ原因分析して，誰に任せるのがよいかを判断する<br>■ PMIはハンズオン，マイクロマネジメントが必要。トップが現場をよく見ること |
| | シナジー効果の追求・「詰め物買収」 | ■ 大きな石の周りに小さな石が積まれている石垣のように，買収した企業に関連する小さな企業を買収し，シナジー効果を高める。順番が大事。パズルを作って，パズルにはまる会社しか買わない<br>■ 海外M&Aの場合，日本人は指揮棒は振らないが，世界中から最適なサポーターを送る |
| | 目標設定による意識改革 | ■ PMIで重要なことは意識改革。大事なことは目線。日本電産では営業利益率10％が黒字。同8％なら2％の赤字と考える<br>■ 日本電産は，株主として関与する。経営目標に届かない場合は経営陣を交代させる |

出所：各種公表資料，2017年11月29日永守社長（当時）による講演内容をもとに作成

第6章　製品開発型M&A戦略　　103

　「M&Aは2割が交渉，8割がPMI」と永守会長がいうように，同社はPMIを最重視している。PMI段階では，まずは最適なPMI担当者の選任にこだわっている。特に，海外M&AのPMIにおいては，日本人では外国人をマネジメントすることは困難であるため，現地人に任せることを基本としている。また，トップが買収後の現場をよく見て，うまくいっていなければ必要な人的資源を適宜投入する。PMIではハンズオン，マイクロマネジメントを重要視している。

　また，大きな石の周りに小さな石が積まれている石垣のように，買収した企業を補強するために小さな企業を連続的に買収してシナジー効果を高めるという「詰め物買収」も，同社M&Aの特徴である。

　永守会長によれば，PMIで重要なことは意識改革であり，大事なことは「目線」だと強調する。同社では営業利益率10%が黒字の基準であり，15%が合格ラインだとの考えがある。例えば，営業利益率8%なら2%の赤字と考えるというように，目線を変えることがPMIにおいて大事だということである。そして，経営目標に届かない場合は，経営陣を交代させる。株主としての権利をドライに行使するのだ。

　こうした同社のM&A流儀には，M&Aを成功に導くヒントが満載であり，多くの日本企業にとっても参考となるに違いない。

## 2．M&A戦略④　許認可買収

### (1)　概要

　買収によって許認可等を取得し，新たな市場に進出することを狙いとする戦略。例えば，放送・通信，廃棄物処理や病院等の許認可は新規に取得することが困難なケースが多く，そうした許認可を持っている企業はM&A市場でも人気が高い。

　ここでは許認可に限らず，高い参入障壁をM&Aにより突破しようとする戦略もこの類型に含むものとする。例えば，巨額の初期投資額が必要な場合，それ自体が参入障壁となるが，すでに投資が完了した企業を安価で買収できれば，

そうした障壁を乗り越えることもできる。あるいは，独占的な契約上の地位を有していて，新規参入が困難な市場でのポジションを獲得することも，この類型に該当する。

一般に参入障壁が高い業界は，新規参入者が少ないため，既存事業者により市場が寡占状態となれば，高い収益性を確保しやすい。そのため，参入障壁の高い業界にM&Aにより参入することは魅力的な戦略ともいえる。

## (2) 参入障壁の種類

ここで参入障壁が高い業界の特徴を知っておくことは有益であろう。参入障壁には主に次の6種類が挙げられる[2]。

### ① 規模の経済性

規模の経済効果が高い業界では，最初から大規模な投資をして参入するか，さもなくば高コストという不利な状況を覚悟で参入するかを迫られることとなる。なお，規模の経済性には，大規模な装置産業に代表される「供給サイドの規模の経済性」と，SNSやシェアリングビジネスに代表される「需要サイドの規模の経済性」がある[3]。

### ② 製品の差異化・顧客のスイッチングコスト

差異化された製品による顧客のロイヤリティや高いブランド力も新規参入を阻む参入障壁の一種である。一般に，顧客のロイヤリティやブランド力を獲得するには，製品の品質が優れていることはもちろん，宣伝広告や顧客サービスなどに多額のコストと時間がかかる。もっとも，近年はSNSなどを利用して，こうした障壁を難なくクリアするケースも増えている。また，顧客がサプライヤーを変更する際に生じるコストであるスイッチング・コストが高い場合も，

---

2　ジェイ・バーニー著，岡田正大訳『企業戦略論（上）』（ダイヤモンド社，2013）121頁，マイケル・ポーター著，竹内弘高監訳『［新版］競争戦略論Ⅰ』（ダイヤモンド社，2018）43頁。

3　第5章88頁参照。

参入障壁となりうる。

### ③ 多額の投資資金

　規模の経済性にかかわらず，参入に際して大規模な投資が必要な場合も参入障壁となる。例えば，通信事業は，全国レベルの通信網を張り巡らせるために全国に基地局の設置や通信ネットワークを整備する必要があり，多額の資金が必要となる。そのため，国から必要な許認可を取得して参入しても，資金面で行き詰まり破綻や撤退に追い込まれた事業者は少なくない。

### ④ 規模に無関係なコスト優位性

　既存事業者は，規模の経済性以外にも，独自の技術やノウハウといったコスト面での優位性を持っている場合がある（図表6－5）。既存事業者によるこうしたコスト優位性も新規参入者にとっては障壁となる。例えば，大型航空機製造は極めて高度な技術を要する事業であり参入障壁が高く，現状ボーイングとエアバスの2社で市場を寡占している。

### ⑤ 流通チャネルへの不平等なアクセス

　卸売りや小売りといった流通チャネルが限られている，あるいは，既存の競合企業による流通チャネルへの締め付けが厳しい場合，新規参入は難しくなるため，参入障壁となりうる。その場合，新規参入者は，既存の流通チャネル以外の独自のチャネルを開拓する必要がある。

106　第2編　M&A戦略の15類型

**【図表6－5】参入障壁として作用する，規模に無関係なコスト優位の源泉**

■自社独自の占有技術
　既存企業が機密あるいは特許として，何らかの技術を持ち，それにより潜在的参入者の
　コストを下回るコストを実現している場合，潜在的参入者は競争上，独自の代替技術を
　開発しなければならない。この代替技術の開発コストが参入障壁として作用する。
■ノウハウ
　潜在的参入者が保有していない知識，スキル，情報を，既存企業が何年もかけて蓄積し，
　ごく当たり前のものとしている場合。この種のノウハウを蓄積するためのコストが参入
　障壁として作用する。
■原材料への有利なアクセス
　潜在的参入者が享受していない重要な原材料へのアクセスを，既存企業が低コストで実
　現している場合。同種のアクセスを獲得するコストが参入障壁として作用する。
■有利な地理的ロケーション
　既存企業が有利な地理的ロケーションをすでに押さえてしまっている場合。同じような
　場所を確保するコストが参入障壁として作用する。
■学習曲線によるコスト優位
　既存企業の累積生産量が潜在的参入者に比べて大きく，その生産コストが，累積生産量
　に反比例して低下する場合。

出所：ジェイ・バーニー著，岡田正大訳『企業戦略論（上）』（ダイヤモンド社，2003）


⑥　政府等による参入規制（許認可等）

　政府や自治体が許認可により特定業界への参入を規制することは，典型的な
参入障壁といえる。また，公的な許認可ではないが，特定の団体や事業者が事
実上参入業者を限定しているようなケースも，参入障壁といえる。

　なお，日本の許認可の種類は1万を超えるともいわれているが，主なものは
図表6－6のとおりである。M&Aに際しては，許認可の承継にかかる手続き
やスケジュールに留意する必要がある。

第6章　製品開発型M&A戦略　107

## 【図表6－6】主な許認可一覧

| No | 業種 | 許認可名 |
|---|---|---|
| 1 | 運輸業 | 一般貸切旅客自動車運送事業（貸切バス） |
| 2 | | 一般乗用旅客自動車運送事業経営免許（タクシー） |
| 3 | | 一般乗合旅客自動車運送業（乗合バス） |
| 4 | | 一般貨物自動車運送事業 |
| 5 | | 特定貨物自動車運送業 |
| 6 | | 特定旅客自動車運送業 |
| 7 | | 第一種貨物利用運送事業 |
| 8 | | 貨物軽自動車運送事業 |
| 9 | | 自家用自動車有償貸渡業 |
| 10 | | 自動車分解整備事業 |
| 11 | | 自動車運転代行業認定 |
| 12 | 倉庫業 | 倉庫業登録 |
| 13 | 建設業 | 建設業許可 |
| 14 | | 屋外広告物設置許可 |
| 15 | | 電気工事業者登録 |
| 16 | | 解体工事業登録 |
| 17 | 電気 | 電気事業許可 |
| 18 | ガス | ガス事業許可 |
| 19 | 宅建業 | 宅地建物取引業免許 |
| 20 | 建築士 | 建築士事務所登録 |
| 21 | 産廃 | 一般廃棄物処理業許可 |
| 22 | | 一般廃棄物収集運搬業許可 |
| 23 | | 産業廃棄物処理業許可 |
| 24 | | 産業廃棄物収集運搬業許可 |
| 25 | 旅館・ホテル | 旅館業営業許可 |
| 26 | 飲食 | 飲食店営業許可 |
| 27 | | 食品関係営業許可 |
| 28 | | 風俗営業等の許可 |
| 29 | | 深夜酒類提供飲食店営業開始届 |

| 30 | 医療・介護 | 医薬品・医薬部外品・化粧品製造業（輸入販売業）許可 |
|---|---|---|
| 31 | | 医療用具製造業（輸出販売業）許可 |
| 32 | | 医薬品販売業許可 |
| 33 | | 薬局開設許可 |
| 34 | | 管理医療機器販売業・貸与業届 |
| 35 | | 毒物・劇物営業者登録 |
| 36 | | 診療所開設許可 |
| 37 | | 動物取扱業 |
| 38 | | 介護保険認定申請 |
| 39 | | 介護事業指定 |
| 40 | 古物・質屋 | 質屋営業許可 |
| 41 | | 古物営業許可 |
| 42 | | 金属くず商許可 |
| 43 | 警備 | 警備業認定 |
| 44 | 石油 | 揮発油販売業の登録 |
| 45 | 消防 | 危険物製造所設置認可 |
| 46 | 農地 | 農地法4条・5条許可 |
| 47 | | 農地法3条許可 |
| 48 | | 開発行為許可 |
| 49 | 旅行業 | 旅行業登録 |
| 50 | 浴場 | 公衆浴場営業許可 |
| 51 | 小売 | たばこ小売販売業許可 |
| 52 | | 酒類販売業許可 |
| 53 | 保健 | クリーニング所開設 |
| 54 | | 理容所開設届 |
| 55 | | 理容業開設届 |
| 56 | 金融 | 投資助言・代理業の届出 |
| 57 | | 第一種金融商品取引業 |
| 58 | | 第二種金融商品取引業 |
| 59 | | 貸金業登録 |
| 60 | | 電子決済代行業 |

| 61 | 労働 | 労働者派遣事業許可 |
| 62 | | 有料職業紹介事業 |
| 63 | 放送 | 無線局の免許 |
| 64 | | 基幹放送局の免許 |
| 65 | 通信 | 第一種電気通信事業 |
| 66 | | 第二種電気通信事業 |

## 事例12　通信事業の高い参入障壁をM&Aで克服〜ソフトバンク

　携帯電話による音声通話やデータ通信などの通信サービスを提供する移動体通信事業者は，一般に「通信キャリア」と呼ばれるMNO[4]と，MNOから通信インフラを借りてサービスを提供するMVNO[5]に分かれる。日本ではNTTドコモ，KDDI（au），ソフトバンクの３社がMNOに該当するが，2019年10月からは"第４のキャリア"として楽天が参入する。

　移動体通信事業の中でもMNOになるには，国（総務省）から周波数免許を取得する必要がある上，自社で通信インフラを整備するために巨額な設備投資が必要であることから，非常に参入障壁が高い。ソフトバンクは，その参入障壁の高さをM&Aを活用して乗り越えてきた。

　同社が移動体通信事業に参入したのは2006年。当初，1.7ギガヘルツの周波数帯の割り当てを受け，新規参入事業者として自前で全国に基地局を敷設する計画を進めていたが，一転，ボーダフォン日本法人を約１兆7,500億円で買収し参入を果たした。

　当初は，ソフトバンクがボーダフォンから回線を借りてサービスを提供する方向で検討を進めていたが，「いっそのこと買収したほうが早い」と考えたソフトバンクが，ボーダフォンに2006年年初に買収を提案し，同年３月17日に最

---

4　Mobile Network Operatorの略。自社で通信回線網や無線基地局などを設置，運用し，通信サービスを提供する事業者を意味する。

5　Mobile Virtual Network Operatorの略。仮想移動体通信事業者と呼ばれる。

終合意に達した。当時，日本最大の買収金額でもあり，証券アナリストからはネガティブな意見が出たことに対し，孫正義社長（当時）は「新規事業者として一からネットワークを構築するほうがリスクが少ないか，顧客基盤とネットワークを持つ会社を買収するほうがリスクが小さいか。いろいろな意見があるだろうが，私は後者だと判断した」と述べている[6]。この買収により，ソフトバンクは同事業で国内シェア約17％（3位），ユーザー数1,500万人を一気に手に入れた。

　その後，2007年の音声準定額制度「ホワイトプラン」の導入や2008年の「iPhone」の取扱い開始など，一気に契約者数を増やす一方で，「つながりにくい」との評判の克服には苦戦が続いた。ボーダフォン買収当時，基地局数は2万2,000局（2006年6月末）だったものが，2010年3月には6万局まで増加したものの，つながりにくさは一向に解消されない状況が続いていた。

　そうした中，2010年3月，ソフトバンクは経営破綻したPHS大手ウィルコムの再生スポンサーとなり，次世代PHS事業を譲り受ける新会社に30億円を出資。その見返りに，全国16万もの基地局の大半がその新会社に移管された[7]。

　2012年7月には悲願であったプラチナバンドと呼ばれる電波の届きやすい900メガヘルツの周波数の割り当てを受けてサービスを開始。さらに，2012年10月にはイー・アクセスの買収を発表した。買収金額は同社の時価総額の3倍強にのぼる約1,800億円。先に交渉していたKDDIに買収されるのを防ぐために思い切った金額を提示したとされるが，この買収により，同社の420万人の顧客基盤と同社が使用していた1.7ギガヘルツ帯とすでに割り当てが決まっていた700MHz帯の周波数，LTE基地局1万局を手に入れることができた[8]。

　ソフトバンクは，ボーダフォン買収により2兆円近い負債の返済負担もあり，競合他社よりも設備投資に回せる資金には限度があった。2007～11年度の5年間の投資額は，ドコモが3兆5,781億円，KDDIが2兆4,751億円。これに対しソ

---

6　日経金融新聞2006年3月20日。
7　日本経済新聞2010年3月16日。
8　日本経済新聞2012年10月2日。

フトバンクは 1 兆6,961億円にとどまっていた[9]。

　このように限られた投資金額で，ソフトバンクはM&Aを有効に活用して周波数と全国20万もの基地局を手に入れたのであった。同社は，今では他社に引けを取らないネットワーク品質を確保できたと自負する。ウィルコムの基地局を活用すれば，2.5ギガヘルツと3.5ギガヘルツの電波を飛ばせるため，膨大なデータトラフィックをさばける。次世代通信規格『5 G』の時代においても，基地局の多さは他社と比べて優位に働くと見ている[10]。

　なお，2019年10月にMNOとなる楽天は，周波数1.7ギガヘルツ帯の割り当てを受け，26年までの 7 年間で総額6,000億円弱を投資し，全国に 2 万7,397局の基地局を設置する計画である。2018年11月にはKDDIとの業務提携を発表し，この提携により楽天はKDDIの通信設備を利用し，サービス開始当初から全国でサービスを提供できるめどを付けた。とはいえ，最後発の楽天が通信インフラを整備するのは容易ではなく，同社の通信品質の確保に向けた今後の取組みにも注目したい。

## 3．M&A戦略⑤　技術買収（A&D）

### (1)　概要

　「技術買収」とは，技術や特許の獲得をM&Aの主な狙いとする戦略をいう。先端分野での技術力が競争優位となる化学，機械製造，製薬，IT業界などでよく見られる。最近では，武田薬品工業によるアイルランド製薬大手シャイアーの大型買収が話題となったが，これは同社が強みとする消化器系疾患などの治療薬にかかる特許の獲得が主な狙いとされる。

　米大手ネットワーク機器メーカーのシスコシステムズは，技術の獲得をR＆D（研究・開発）ではなくA＆D（買収・開発）を主体としていることで有名である。また，グーグルも，ユーチューブやアンドロイドOS，グーグルマッ

---

9　日本経済新聞2012年 7 月23日。
10　日本経済新聞2018年12月25日。

112 第2編　M&A戦略の15類型

プ等，多くの技術は買収により獲得したものがベースとなっている。

## (2)　コア技術戦略[11]

　技術買収を進める上では，どのような技術の獲得が必要であるかが明確となっていることが前提となる。昨今のように，技術の変化が速い状況では，特定の技術分野に経営資源を集中して開発速度を上げる必要がある一方，市場ニーズの変化に柔軟に対応できるよう特定の技術分野に特化しすぎないことも重要である。このような，独自技術の構築と市場環境への柔軟な対応というトレードオフから技術戦略のあり方を考える上で，大阪大学の延岡健太郎教授による図表6－7のマトリックスは有用である。

　技術も商品・市場も特定分野に集中させる戦略（集中戦略）は，市場ニーズの変化を受けやすくリスクが高すぎる。逆に，技術も商品・市場も分散させる戦略（分散戦略）は，経営資源が分散し，強みとなる技術を開発することが困難となる。こうしたことから，集中戦略と分散戦略はともに望ましい戦略とはいい難い。

　技術は特定分野に集中させながら，商品・市場を分散させる戦略（コア技術戦略）は，自社のコア技術を鍛えつつ，柔軟に市場ニーズの変化に対応しやすい点から，特定技術に強みを持つ企業にとっては目指すべき戦略といえる。コア技術戦略におけるM&Aとしては，コア技術を補完する技術や，コア技術をもとにした製品化に資する技術をM&Aのターゲットとすることが考えられる。

　最後に，特定の商品・市場に集中しながら，それに対応するための技術を分散させる戦略もありうる。この戦略は，市場ニーズの変化に対応して必要な技術を活用していくことが求められる。そのため，すべての技術を自社開発することは現実的ではなく，この戦略においては特定分野の製品化に資する技術をターゲットとしたM&A（技術買収）を積極的に活用するケースが多い。前述

---

11　大阪大学の延岡教授は，技術による強みを持続するための組織能力を構築し活用する技術経営のことを「コア技術戦略」と定義している（延岡健太郎『MOT［技術経営］入門』（日本経済新聞出版社，2006）102頁）。

のシスコシステムズは,ネットワーク機器分野に特化し,当該分野に必要な技術を連続的に買収している。

【図表6−7】コア技術戦略の位置づけ

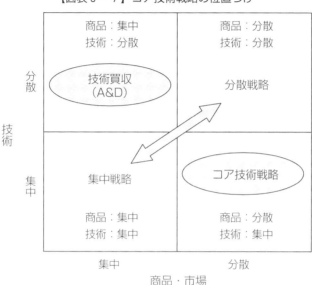

出所:延岡健太郎『MOT［技術経営］入門』(日本経済新聞出版社,2006)に加筆・修正

**事例13** 技術買収で大胆な事業ポートフォリオ転換を実現
〜富士フイルムホールディングス

富士フイルムホールディングスは,主力であった写真用フィルムの急速な需要減退に直面し,大胆な事業ポートフォリオの転換を果たした企業として知られている。同社によれば,カラーフィルムの世界総需要は2000年がピークで,その後,デジタルカメラの普及により,総需要はわずか十数年の間になんと100分の1に減少した[12]。そうした中,ライバルであった米イーストマン・コ

---

12 同社2017年12月3日個人投資家向け説明会資料。

ダックは2012年に経営破綻した。一方の富士フイルムHDは，コア技術を軸に
事業転換を進めたことで，この深刻な危機を克服することができた。

2000年代初頭，同社は次の事業分野の選定に際し，まず「技術の棚卸」を
行った。同社には，有機合成技術，薄膜形成・加工技術，解析技術，メカ・エ
レキ技術，光学技術，画像・ソフト技術といった写真フィルム分野で培った技
術があったが，これらをベースに，市場の成長性や，技術の活用余地，競争力
の持続性の観点から，強化すべき事業分野を検討した。その結果，「高機能材
料」「医療画像／ライフサイエンス」「グラフィックアーツ」「ドキュメント」
「光学デバイス」を重点分野と位置付け，ライフサイエンスなど新規分野を中
心にM&Aを積極展開することを宣言した[13]。

同社は，その方針に基づき，ヘルスケア分野を中心に2004年から2018年まで
に30件以上のM&Aを実施している（図表6－9）。その成果として，ヘルス
ケア分野の売上高は4,430億円に達し，全体の18％強を占めるに至っている
（2017年度）（図表6－10）。

質的にも，買収により戦略的に将来の成長に資する技術を取り込んでいる。
例えば，今後大きな成長が期待される再生医療事業においては，「細胞」「培
地」「足場材」の3つが重要な要素であり，これらが揃わなければ臓器・組織
はできないとされるが，同社は一連のM&Aにより，すべての要素を揃えられ
る世界唯一の会社となった[14]。買収したセルラー・ダイナミクス・インターナ
ショナルとジャパン・ティッシュ・エンジニアリングが「細胞」を作り，同じ
く買収した和光純薬工業，アーバイン・サイエンティフィック・セールス・カ
ンパニーとアイエスジャパンが「培地」を開発し，富士フイルムが「足場材」
であるリコンビナントペプチドを有しているのだ。

同社は，中期経営計画「VISION2019」において，2017～2019年度を各事業
の収益力を強化し，これまでに築いた事業ポートフォリオをより強固にしてい
く期間と位置付けている。同期間のM&A予算は5,000億円。今後の同社による

---

13 同社「アニュアルレポート2006」。
14 同社2017年12月3日個人投資家向け説明会資料。

M&Aの戦略性が注目される。

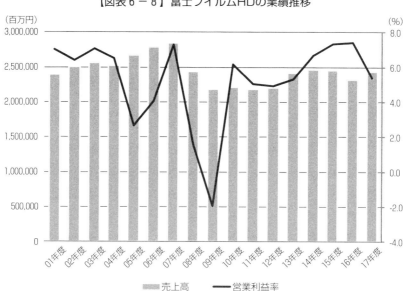

【図表6-8】富士フイルムHDの業績推移

出所：SPEEDAをもとに作成

【図表6-9】富士フイルムHDによる主なM&A

| 時期 | 事業領域 | 内容 |
| --- | --- | --- |
| 2006年 7月 | グラフィックシステム | 産業用インクジェットプリンター用ヘッドメーカー，米国Dimatix, Inc. を買収 |
| 2008年 3月 | ヘルスケア | 富山化学工業を株式公開買付により連結子会社化 |
| 2011年 2月 | ヘルスケア | バイオ医薬品受託製造のリーディングカンパニー2社の全株式を米国メルク社から取得 |
| 2012年 3月 | ヘルスケア | 超音波診断装置の大手企業米国SonoSite, Inc.の買収 |
| 2012年 8月 | ドキュメント | オーストラリア最大のビジネスサービスプロバイダーSalmatLimitedのBPO事業を買収 |
| 2014年12月 | ヘルスケア | バイオ医薬品受託製造でワクチン製造に強みを持つ，KalonBiotherapeutics, LLC（米国テキサス州）を買収 |

| 2014年12月 | ヘルスケア | 国内で再生医療製品の承認を取得し事業展開する唯一のバイオベンチャー企業ジャパン・ティッシュ・エンジニアリング（J-TEC）を連結子会社化 |
|---|---|---|
| 2015年5月 | ヘルスケア | iPS細胞の開発・製造のリーディングカンパニー，米国Cellular Dynamics International, Inc.を買収 |
| 2015年5月 | ヘルスケア | 米国医療ITシステムメーカー TeraMedica（テラメディカ）社を買収 |
| 2015年9月 | 高機能材料 | 米国の高純度溶剤製造・販売会社Ultra Pure Solutions, Inc.を買収 |
| 2017年4月 | ヘルスケア/高機能材料 | 和光純薬工業の買収を連結子会社化 |
| 2018年6月 | ヘルスケア | 細胞培養に必要な培地のリーディングカンパニーであるIrvine Scientific Sales Company, Inc.およびアイエスジャパンを買収 |

出所：同社ウェブサイトをもとに作成

**【図表6-10】富士フイルムHDのセグメント別売上高推移**

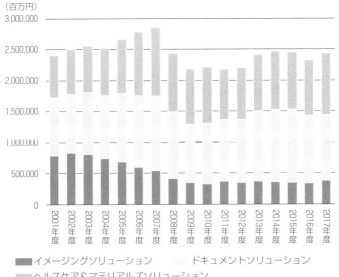

出所：SPEEDAをもとに作成

第6章 製品開発型M&A戦略　　117

**事例14** 手堅い技術買収で製薬業界の「優等生」〜アステラス製薬

　2005年4月，アステラス製薬は山之内製薬と藤沢薬品工業が合併して誕生した。売上高では武田薬品工業に次いで国内2位の製薬メーカーである。

　製薬業界では，米ファイザーに代表されるように，世界的に数千億円から数兆円規模の超大型M&Aが相次いでいる。その背景には，先進国を中心とした高齢化の進展による世界的な医療費の抑制や創薬難度の上昇等による研究開発費の増大などから，規模拡大により研究開発費を確保しなければ生き残れないという危機感がある。

　日本でも，2000年以降，業界再編が進んだ。2001年に三菱東京製薬とウェルファイドの合併により三菱ウェルファーマが設立され，その後2007年に田辺製薬と合併し，田辺三菱製薬が誕生した。2002年には中外製薬と日本ロシュが合併したほか，2005年にはアステラス製薬のほか，三共と第一製薬の合併により第一三共が，大日本製薬と住友製薬の合併により大日本住友製薬が誕生した。

　それでも，世界のメガファーマと比べれば日本の製薬メーカーの規模は小さく，国内トップの武田薬品工業でも，シャイアー買収前は世界で19位（2017年売上高ベース）にすぎなかった[15]。

　その武田薬品工業は，これまでに何件もの大型買収を実行してきている。2008年に米ミレニアム・ファーマシューティカルズを8,600億円で買収。2011年には新興国に強い営業網を持つスイスのナイコメッドを1兆100億円で買収したほか，2017年には米アリアドを6,310億円で買収。さらに，2018年5月にアイルランドの製薬大手シャイアーを6兆7,000億円で買収することを発表し，2019年1月に買収手続きを完了した。

　一方，アステラス製薬は，そのような大型買収戦略とは一線を画し，必要な技術だけにターゲットを絞った買収により自社の創薬力を高める戦略をとっている。同社は，アンメットメディカルニーズ（いまだに治療法が見つかってい

---

15　武田薬品工業はシャイアー買収により，連結売上高は3兆円を超え，世界8位の巨大製薬企業となった（日本経済新聞2019年1月8日）。

118 第2編 M&A戦略の15類型

ない疾患に対する医療ニーズ）を対象に，標的因子から治療手段を開発する
Focus Areaアプローチでの開発を進めている。医療分野でいうと，山之内製
薬の強みであった「泌尿」分野，藤沢薬品工業の強みであった「移植」分野，
統合後に新たに重点分野とした「がん」領域の3つを主力分野と位置付けてい
る。M&Aはこれら主力分野やフォーカス領域に焦点を当てて，必要な技術を
持っている中堅・ベンチャー企業をターゲットとしている。2010年に敵対的
TOBにより買収したOSIファーマシューティカルズを除いて，買収規模は概ね
数百億円台となっている（図表6-11）。こうした買収戦略は，買収額が少な
くて済む一方で，製品化までのリスクは高い。そのため，M&Aに際しては，
最初からターゲット企業の全株式を買収するのではなく，開発状況に応じて残
りの株式を取得できるオプションを付けたり，開発の進捗状況に応じて買収金
額が追加で支払われるような契約にするといった工夫を講じている。

　こうした手堅いM&A戦略もあり，ライバルの武田薬品工業と比べて，近年
の営業利益率や株価は優位に推移している（図表6-12，図表6-13）。しか
し，2019年以降，同社のブロックバスター（売上高1,000億円を超える大型新
薬）である過活動ぼうこう治療薬「ベシケア」や「ベタニス」といった主力薬
の特許が相次いで切れることもあり，有望なパイプライン（新薬候補）が不足
しているとの指摘もある[16]。その点では，今後，同社が数千億円レベルの大型
買収を仕掛けないとも限らない[17]。今後の同社のパイプラインの開発状況と
M&A動向が注目される。

---

16　日本経済新聞2018年4月26日。
17　同社安川健司社長はこれまでにない規模の買収も辞さない姿勢を見せたとの報道もある
　　（日本経済新聞2018年5月7日）。

第6章　製品開発型M&A戦略　　119

【図表6－11】アステラス製薬による主なM&A

|  | 取得日など | 対象会社名 | 買収対象会社概要 | 取得金額 | 所在国 |
|---|---|---|---|---|---|
| 主力分野の買収 | 2007年12月 | アジェンシス | がん領域の抗体医薬を専門とするバイオベンチャー | 418億円 | アメリカ |
|  | 2010年6月 | OSIファーマシューティカルズ | がん，糖尿病／肥満の領域に事業基盤を持つ | 3,700億円 | アメリカ |
|  | 2016年12月 | ガニメドファーマシューティカルズ | がんに対する抗体医薬を開発するベンチャー企業 | 480〜980億円 | ドイツ |
|  | 2018年12月 | ポテンザ・セラピューティクス | 免疫機能を活用したがん治療の技術を持つベンチャー企業 | 188〜273億円 | アメリカ |
| フォーカス領域の買収 | 2016年2月 | オカタ・セラピューティクス | 眼科領域における再生医療の研究開発に強みを持つベンチャー | 466億円 | アメリカ |
|  | 2017年5月 | オゲダ | 更年期障害によるほてりを治療する薬を開発する創薬ベンチャー | 590〜940億円 | ベルギー |
|  | 2018年1月 | マイトブリッジ | ミトコンドリア関連疾患領域における研究開発に強みを持つベンチャー | 186億円 | アメリカ |
|  | 2月 | ユニバーサルセルズ | 再生医療分野でユニバーサルドナー細胞技術に強みを持つベンチャー | 最大113億円 | アメリカ |
|  | 8月 | キューセラ | 視覚が狭くなる緑内障向けの遺伝子治療法で，新たな治療法の開発を進めているベンチャー | 最大120億円 | イギリス |

出所：各種報道資料より作成

120 第2編 M&A戦略の15類型

**【図表6-12】アステラス製薬の業績推移（武田薬品工業との比較）**

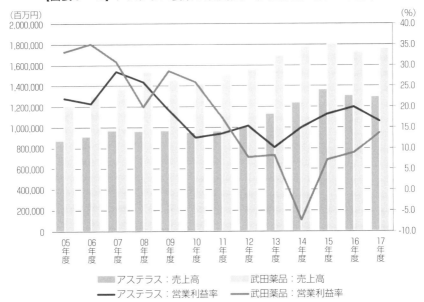

出所：SPEEDAをもとに作成

**【図表6-13】アステラス製薬と武田薬品工業の株価推移**

出所：SPEEDAをもとに作成

## 4．M&A戦略⑥　ブランド買収

### (1)　概要

　「ブランド買収」とは，ブランドの獲得をM&Aの主な狙いとする戦略をいう。商品のブランド価値が重要なファッション，食品，化粧品業界などでよく見られる。例えば，ファーストリテイリングによる「Theory（セオリー）」を展開するリンク・セオリー・ホールディングスの買収，サントリーホールディングスによる米ビーム社の買収，花王によるカネボウ化粧品の買収などがその代表例である。

　高いブランド力を築くには，高い品質に対する信頼の積み重ねが必要であり，長い時間がかかる。そのため，「時間を買う」という意味で，M&Aは有力ブランドを獲得するのに極めて効率的である。より高いマーケティング能力を持った企業によるブランド買収は，通常以上の高いリターンが観察されたという実証研究も報告されており[18]，マーケティング能力の高い企業にとって，ブランド買収は企業価値を向上させる有効な手立てとなりうる。

### (2)　ブランド・ポートフォリオ戦略

　ブランド・ポートフォリオ戦略とは，企業が持つブランドをどのような構造で配置し，それぞれのブランドにどのような役割を負わせ，ブランド同士をどのように関係付けるかという戦略を指す[19]。ブランド買収によりブランドを獲得する場合，既存ブランドとの関係で，そのブランドをどのように位置付けるかを検討しなければならない。アーカーによれば，これには4つの戦略上の選択肢がある（図表6-14）[20]。

---

18　田中洋『ブランド戦略論』（有斐閣，2017）299頁。
19　田中・前掲注（18）144頁。
20　デービッド・アーカー著，阿久津聡訳『ブランド・ポートフォリオ戦略』（ダイヤモンド社，2005）59頁以下。

122 第2編 M&A戦略の15類型

「個別ブランド戦略」とは，既存ブランドとは関連しない，独立したブランドから構成させるブランド・ポートフォリオを指す。P&Gはこの戦略を用いていることで有名である。例えば，P&Gのヘアケア商品であるパンテーン，ヴィダルサスーン，H&Sはブランド同士のつながりを持たない。個別ブランド戦略を通してブランドを分離する目的は，以下の6つが挙げられる。

---

① ブランドを機能的便益によって明確にポジショニングすることでニッチ・市場を狙う。
② 製品と矛盾するブランド連想を回避する。
③ 新製品の画期的な優位性を示す。
④ 重要な便益を名前に反映することによって，新しい製品カテゴリーの連想を獲得する。
⑤ チャネル間の対立を回避または最小にする。
⑥ 多様かつ相容れない製品ラインまたはセグメントをターゲットとする。

---

また，個別ブランド戦略の一種として，シャドー・ブランディングがある。これは，親ブランドと目に見える形で結び付いていないが，多くの消費者がそのつながりを認識しているというブランド戦略である。例えば，トヨタのレクサスやBMWのMINIはこれに該当する。

「保証付ブランド戦略」とは，親ブランドが一定の連想をもたらすブランド・ポートフォリオを指す。例えば，ネスレのネスカフェやネスティー，アップルのiPhoneやiPad，マクドナルドのビッグマックやチキンマックナゲットなどが挙げられる。この戦略は，新しいブランドや，まだ定着していないブランドに対して有効である。

「サブブランド戦略」とは，既存ブランドのサブ・カテゴリーとしてのブランドを構成するポートフォリオを指す。サブブランドは，属性や便益，もしくはパーソナリティといった連想を付加したり，変化させたりすることで既存ブランドを修飾する。例えば，P&Gの柔軟剤レノアには，レノア本格消臭，レノアハピネスなどのサブブランドがある。

「マスター・ブランド戦略」とは，企業ブランドまたは親ブランドに個別事

業名が統一された体系を指す[21]。この戦略によれば，顧客に対してブランドが提供するものを明確に連想させることができるほか，他の事業での知名度が活かせることで必要投資が最小限になるといったシナジー効果が期待できる。例えば，後述するように，楽天が楽天カード，楽天トラベル，楽天銀行など，買収した事業に，楽天ブランドを付けて楽天経済圏の広がりを印象付けていることはその典型である。顧客は楽天グループのサービスを利用すれば，もれなく楽天ポイントが得られることを想起する。一方，1つのマスター・ブランドに多くの製品をぶら下げることによって，特定の顧客層をターゲットとしにくくなりうる点に留意が必要である。

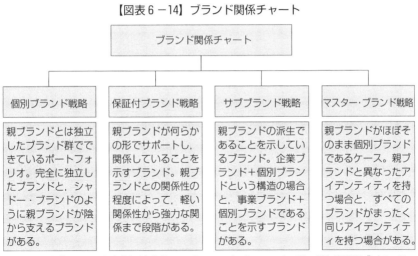

【図表6-14】ブランド関係チャート

出所：田中洋『ブランド戦略論』（有斐閣，2017），デービッド・アーカー著，阿久津聡訳『ブランド・ポートフォリオ戦略』（ダイヤモンド社，2005）をもとに作成

---

21 田中・前掲注（18）147頁。

## 事例15 ラグジュアリーブランド買収の王者 〜LVMHモエ・ヘネシー・ルイ・ヴィトン

　仏LVMHモエ・ヘネシー・ルイ・ヴィトン（以下「LVMH」）は，世界最大のラグジュアリー・コングロマリットである。同社は1987年にモエ・ヘネシーとルイ・ヴィトンの合併により誕生した。当初は，その社名のとおり，モエ・エ・シャンドンに代表されるシャンパンとヘネシーに代表されるコニャックなどアルコール中心の高級ブランド会社であったモエ・ヘネシーと，ルイ・ヴィトンを中心とした高級ファッション会社の集合体であったが，クリスチャン・ディオールを所有していたベルナール・アルノーが1989年にLVMHの支配株主となりトップに君臨してからは，高級ブランドに対する積極的な買収攻勢に出る。

　現在は，①ワイン＆スピリッツ，②ファッション＆レザーグッズ，③パフューム＆コスメティクス，④ウォッチ＆ジュエリー，⑤セレクティブ・リテーリング，⑥その他の活動の6つのセクターで70もの著名なラグジュアリーブランドをM&Aによって傘下に収めている（図表6-15）。同社の基本戦略は，ポジショニングの異なる一流ブランドを多数保有することで，幅広い顧客を獲得することである。それぞれのブランドは異なる客層を持つことから，グループ内での共食い（カニバリゼーション）もほとんどないといわれている。

　LVMHを率いるアルノーは，1949年フランスに生まれ，父はフランスの大手建設会社の経営者であった。フランスの理系最高峰，エコール・ポリテクニークを卒業して父親の会社に入社し，28歳の若さで会社を継いだあとは，建設業から不動産開発へと業容を拡大させた。そして，ブランドビジネスの潜在的な成長性の高さに着目し，35歳で当時経営難に陥っていたクリスチャン・ディオールの親会社を，名だたる入札相手を尻目に買収したという武勇伝を持つ。もともとファッション業界と関連のなかったビジネスマンが，一代で世界最大のラグジュアリーブランド・コングロマリットを形成したというのは驚きである。

第6章　製品開発型M&A戦略　　125

　同社は,「商品カテゴリー」と「地域」という2軸でのポートフォリオ・マネジメントにより,安定した収益と成長を実現している点に特徴がある。流行に左右されやすいファッションビジネスについては特徴的なブランドを多数保有することでリスクを分散するとともに,ワイン＆スピリッツやパフューム＆コスメティクスといった収益の安定性が高い事業を一定割合持つことで,全体としての財務の健全性を確保している（図表6－16）。

　また,欧州,米国,日本,アジアにバランスよく売上が分散していることで,各国の経済状況の影響を受けにくい構造にもなっている（図表6－17）。こうしたことから,同社は高い成長性を維持しながら,概ね20%前後もの高い営業利益率を維持できているのである（図表6－18）。

　持株会社であるLVMHが管理するのは,流通（店舗出店や海外進出支援等）や広告などスケールメリットが効き,一元管理が可能なものに限られている。一方で,持株会社は各ブランドのアイデンティティには一切関与しない[22]。LVMH傘下での各ブランドは,前述の個別ブランド戦略により独立したブランドとして運営されているといえる。

　一般に伝統ある高級ブランドは,ファミリービジネスであることが多い。特にファッション業界では,デザイナーが経営者も兼ねているケースが多く,その場合,デザイナーの交代は,ブランドおよび企業の存続にもかかわる問題となる。その点,ファミリービジネスであるブランド会社にとって,LVMHの傘下に入ることで,デザイナーの交代に際して新たなデザイナーや経営者のリクルーティングなど,マネジメント面でもサポートを得られる点は大きなメリットといえる。

---

22　長沢伸也『ブランド帝国の素顔』（日経ビジネス人文庫,2002）。

126　第２編　M&A戦略の15類型

## 【図表６－15】LVMH傘下のブランド

| ワイン＆スピリッツ | | |
|---|---|---|
| ✓ Clos des Lambrays(1365)<br>✓ Château d'Yquem(1593)<br>✓ Dom Pérignon(1668)<br>✓ Ruinart(1729)<br>✓ Moët & Chandon(1743)<br>✓ Hennessy(1765)<br>✓ Veuve Clicquot(1772)<br>✓ Ardbeg(1815)<br>✓ Château Cheval Blanc (1832)<br>✓ Krug(1843)<br>✓ Glenmorangie(1843)<br>✓ Mercier(1858)<br>✓ Chandon Argentina(1959)<br>✓ Cape Mentelle(1970) | ✓ Chandon Brazil(1973)<br>✓ Chandon California(1973)<br>✓ Newton Vineyard(1977)<br>✓ Cloudy Bay(1985)<br>✓ Chandon Australia (1986)<br>✓ Belvedere(1993)<br>✓ Bodega Numanthia(1998)<br>✓ Terrazas de los Andes(1999)<br>✓ Cheval des Andes(1999)<br>✓ Chandon China(2013)<br>✓ Ao Yun(2013)<br>✓ Chandon India(2014)<br>✓ Volcan de mi Tierra(2017) | |

| ファッション＆レザーグッズ | | |
|---|---|---|
| ✓ Loewe(1846)<br>✓ Moynat(1849)<br>✓ Louis Vuitton(1854)<br>✓ Berluti(1895)<br>✓ Rimowa(1898)<br>✓ Loro Piana(1924)<br>✓ Fendi(1925)<br>✓ Celine(1945) | ✓ Emilio Pucci(1947)<br>✓ Christian Dior(1947)<br>✓ Givenchy(1952)<br>✓ Kenzo(1970)<br>✓ Thomas Pink(1984)<br>✓ Marc Jacobs(1984)<br>✓ Nicholas Kirkwood(2004) | |

| パフューム＆コスメティクス | | |
|---|---|---|
| ✓ Guerlain(1828)<br>✓ Acqua di Parma(1916)<br>✓ Parfums Christian Dior(1947)<br>✓ Givenchy Parfums (1957)<br>✓ Perfumes Loewe(1972)<br>✓ Benefit Cosmetics(1976)<br>✓ Make Up For Ever(1984) | ✓ Kenzo Parfums(1988)<br>✓ Fresh(1991)<br>✓ Kat Von D Beauty(2008)<br>✓ Maison Francis Kurkdjian(2009)<br>✓ Marc Jacobs Beauty(2013)<br>✓ Fenty Beauty by Rihanna(2017) | |

| ウォッチ＆ジュエリー | | |
|---|---|---|
| ✓ Chaumet(1780)<br>✓ TAG Heuer(1860)<br>✓ Zenith(1865)<br>✓ Bvlgari(1884) | ✓ Fred(1936)<br>✓ Hublot(1980) | |

| セレクティブ・リテーリング | | |
|---|---|---|
| ✓ Lc Bon Marché Rive Gauche(1852)<br>✓ La Grande Epicerie de Paris(1923)<br>✓ Starboard Cruise Services(1958)<br>✓ DFS(1960) | ✓ Sephora(1969) | |

| その他の活動 | | |
|---|---|---|
| ✓ Cova(1817)<br>✓ Royal Van Lent(1849)<br>✓ Jardin d'Acclimatation(1860)<br>✓ La Samaritaine(1870)<br>✓ Les Echos(1908) | ✓ Le Parisien(1944)<br>✓ Connaissance des Arts(1952)<br>✓ Investir(1974)<br>✓ Radio Classique(1983)<br>✓ Cheval Blanc(2006) | |

出所：同社ウェブサイトをもとに作成
　注：カッコ内は各ブランドの創業年

第 6 章　製品開発型M&A戦略　127

**【図表 6 −16】LVMHの商品セグメント別売上高推移**

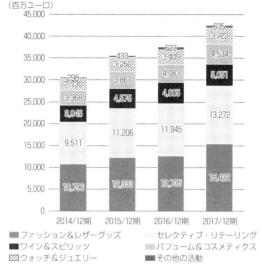

出所：SPEEDAをもとに作成

**【図表 6 −17】LVMHの地域別売上高推移**

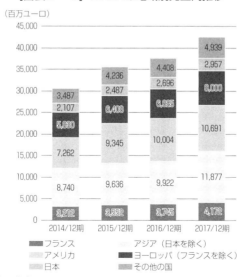

出所：SPEEDAをもとに作成

【図表6－18】LVMHの業績推移

出所：SPEEDAをもとに作成

### 事例16 ブランド買収で長期的な成長を果たすも正念場に直面～ネスレ

　ネスレは，1867年に薬剤師であったアンリ・ネスレが，スイスで乳児用乳製品を開発し創業した会社で，以来150年以上に渡り，大小様々なM&Aを繰り返してきた（図表6－19）。現在では売上高10兆円を超える世界最大の食品メーカーである。

　同社の代表的なブランドであるチョコレート菓子「キットカット」，調味料「マギー」，キャットフード「フリスキー」，ミネラルウォーター「ペリエ」「コントレックス」「サンペレグリノ」など多くがM&Aにより取得したものである。1997年，同社は伝統的な食品会社から「栄養・健康・ウェルネス」企業への変身を宣言し，それ以降は，水，アイスクリーム，ペットフードの分野でグローバルリーダーを目指すべくM&Aを繰り返した。今やミネラルウォーターは，世界100か国以上で50以上のブランドを展開し，売上高8,000億円を超える世界最大の水企業でもある。

第6章 製品開発型M&A戦略　129

## 【図表6-19】ネスレの主なM&A実績

| 時期 | 買収内容 |
|---|---|
| 1905年 | 競合であったアングロ・スイスと合併 |
| 1929年 | スイス最大のチョコレートメーカーのペーター・カイエ・コーラーを買収 |
| 1947年 | 「マギー」ブイヨン等の調味料メーカーのスイスのアリメンターナと合併 |
| 1960年 | アイスクリームの独ジョパと仏ウドベール・ジェルヴェを買収 |
| 1962年 | スウェーデンのマラボウから冷凍食品ブランド「フィンダス」を買収 |
| 1968年 | 仏ヨーグルトメーカーのシャンブルシーを買収 |
| 1969年 | 仏ミネラルウォーター「ヴィッテル」の株式を取得 |
| 1973年 | 米冷凍食品メーカーのストウファーを買収 |
| 1974年 | 多角化を志向し化粧品会社ロレアルの株式を一部購入 |
| 1976年 | 米缶詰食品メーカーのマクニール＆リビーを買収 |
| 1977年 | 米医薬品・眼科品メーカーのアルコンラボラトリーズを買収 |
| 1985年 | 米カーネーションカンパニーを30億ドルで買収し，CarnationやCoffee-Mateのブランドを入手。また，「フリスキー」ブランドを買収し，ペットフードビジネスへも参入 |
| 1988年 | 英ロントリー マッキントッシュを買収し，「キットカット」を入手。また，イタリアのパスタ，ソース，菓子グループのブイトーニ・ベルジーナを買収 |
| 1992年 | 仏ミネラルウォーターのペリエグループを買収 |
| 1998年 | 伊ミネラルウォーターのサンペレグリノグループを買収 |
| 2001年 | 米ペットフードのラルストン・ピュリナを103億ドルで買収 |
| 2002年 | 「ハーゲンダッツ」のライセンスを米国とカナダで取得 |
| 2003年 | アイスクリームのモーベンピックとドライヤーズグランドアイスクリームを買収。冷凍食品会社シェフアメリカも買収 |
| 2006年 | 体重管理事業者のジェニークレイグ，オーストラリアの朝食用シリアル会社アンクルトビーを買収 |
| 2007年 | ノバルティス・メディカルニュートリションを25億ドルで買収。また，ベビーフード企業のガーバーと，スイスのミネラルウォーターのスルス・ミネラル・ヘニエも買収 |
| 2010年 | クラフトフーズの冷凍ピザ事業を37億ドルで買収 |
| 2012年 | ファイザーの栄養食品部門ワイスニュートリションを119億ドルで買収 |
| 2013年 | 米医療用食品会社のパムラブを買収 |
| 2017年 | 米カメレオンコールドブリューコーヒー，ブルーボトルコーヒーを買収 |
| 2018年 | 米スターバックスの商品販売権を72億ドルで買収。英ペットフードインターネット販売の英テールズ・ドットコムを買収 |

出所：同社ウェブサイト，報道資料より作成

　2017年には，米国菓子事業の戦略的オプションの検討と，アトリウムイノベーションの買収を伴うコンシューマーヘルスケアにおけるポートフォリオの拡大を発表。これにより，コンシューマーヘルスケアにおける成長機会をさら

130 第 2 編　M&A戦略の15類型

に追求し，高成長が見込まれるコーヒー，ペットケア，乳幼児用製品，ボトル入りの水などの食品飲料カテゴリーへの集中を徹底すると宣言。2018年にはスターバックスの商品販売権を72億ドルで買収した（図表 6 −20）。

　ネスレは「ATLAS」と呼ばれる独自ツールを用いて，ポートフォリオ・マネジメントを行っている（図表 6 −21）[23]。具体的には，地域とカテゴリーを組み合わせた事業単位（例えば，日本の菓子事業）ごとに，過去と将来の経済的採算性を分析し，投資すべき事業と売却や戦略の修正が必要な事業を管理している。経済的採算性の分析要素としては，成長性（市場の成長性，市場シェア，オーガニックグロース[24]），利益幅（粗利益，営業利益，マーケティング支出，原価などの構造的コスト），資本効率（資産回転率，運転資本，資本支出など）となっている。この分析に基づき，レッドゾーンに位置付けられた事業は戦略の見直しや売却といった意思決定が下されることになる。2012年以降，ネスレによる事業売却は加速しているが，その背景にはこうした分析が行われているのである（図表 6 −22）。

　2017年 1 月 1 日，ウルフ・シュナイダー氏が社外出身者としておよそ100年ぶりにCEOに就任した。シュナイダー氏は独医療機器大手フレゼニウスに37歳という若さでCEOに就任し，積極的なM&Aにより，同社を人工透析器から医薬品，栄養関連製品，病院経営まで手掛ける世界有数のヘルスケアグループに成長させた実績を持つ[25]。ヘルスケア企業への変身を目指しているネスレの本気度がうかがえる人事である。

　一方，2017年 6 月には米の著名アクティビスト・ファンドのサード・ポイン

---

23　ATLASの概要は，週刊ダイヤモンド2016年10月 1 日号に詳しい。また，2017年 9 月26日投資家セミナー資料16頁にもATLASのチャートが掲載されている。https://www.nestle.com/asset-library/Documents/Library/Presentations/Investors_Events/investor-seminar-2017/francois-xavier-roger.pdf

24　同社では，為替変動やM&Aの影響を除いた売上高成長率をオーガニックグロース（OG）として，経営上の重要な管理指標としている。2020年まで年率 5 〜 6 ％のOGを目標としている。

25　シュナイダー氏がCEOを務めた13年間で，フレゼニウスの売上高は約 4 倍の3.7兆円（2015年12月期）にまで拡大した。

トが株式取得を表明し，仏ロレアル株の売却や利益率の引き上げなど経営効率に向けたプレッシャーを強めている。サード・ポイントは，2020年までに売上高営業利益率を18〜20％に引き上げる目標を提案。これを受け，同社は2020年までに営業利益率を17.5〜18.5％に引き上げることを目指す，と初めて具体的な利益率目標を公表した[26]。

2018年7月にはサード・ポイントが追加的な提案として，飲料，栄養，食品の3事業を分社化し，競争力の低い事業の売却を加速させるとともに，その売却代金でさらに注力分野への投資を集中させるよう要求した[27]。たしかに，この15年ほど営業利益率は漸増傾向にあるものの，10年度以降は不採算部門からの撤退による売上高の減少により営業利益率が改善している部分もあり，利益成長という観点では踊り場に差し掛かっているようにも見える（図表6−23）。有力アクティビストからの要求に対して，同社がどのような戦略を打ち出していくのか，今後の対応が注目される。

【図表6−20】ネスレのセグメント別売上高（2017年度）

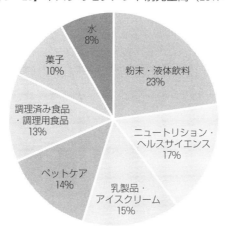

出所：SPEEDAをもとに作成

---

26 フィナンシャルタイムズ2017年9月28日。
27 THIRD POINT, "#NestleNOW", July 2018。

【図表 6-21】ネスレのポートフォリオ・マネジメントツール「ATLAS」のイメージ

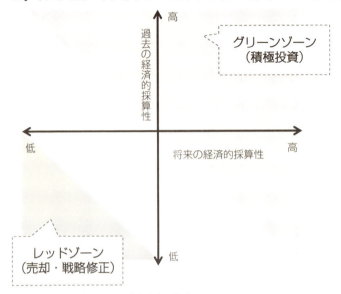

出所：週刊ダイヤモンド2016年10月1日号をもとに作成

【図表 6-22】ネスレによる主な事業売却

| 時期 | 売却内容 |
|---|---|
| 2012年 | オーストラリアのピータース・アイスクリーム |
| 2013年 | ダイエット支援事業のジェニークレイグ |
| | メキシコのチルド乳製品 |
| | 米国のペット保険 |
| | ドイツのチルド調理食品 |
| | 冷凍パスタの米ジョゼフズ・パスタ |
| | フランスのホームケア |
| | デンマークのアイスクリーム |
| 2014年 | ドイツの幼児向け食品・飲料 |
| | 韓国のJV事業 |
| | 米国の飲料事業・ジューシージュース |
| | 欧州の宅配水 |

第6章 製品開発型M&A戦略   133

|  | 菓子のトルコ・バラバン |
|  | 栄養補助食品のパワーバー |
| 2015年 | メキシコのアイスクリーム |
|  | 冷凍食品のダビジェル |
|  | スペインの冷凍食品 |
|  | イタリアのサンバーナード |
|  | 欧州のペット用品 |
| 2018年 | 米国の菓子事業（キットカットは除く） |
|  | 米国のガーバー生命保険 |

出所：各種報道資料より作成

【図表6−23】ネスレの業績推移

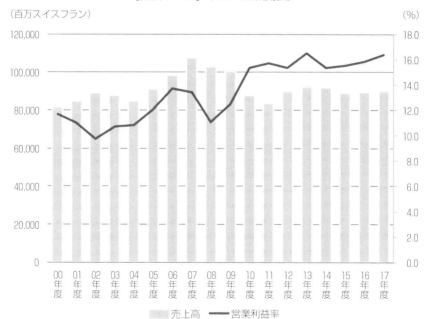

出所：SPEEDAをもとに作成

# 第7章 市場開拓型M&A戦略

　製品・市場マトリックスにおける新市場開拓戦略とは，既存の製品を用いて新たな市場を開拓していく戦略である。一般には，新たな地域への進出や新たな顧客層への販路拡大を目指すものである。この類型のM&A戦略には，「エリア拡大戦略」「海外企業買収」「特定顧客獲得買収」「顧客層拡大戦略」がある。

**【図表7－1】市場開拓型M&A**

| 戦略類型 | 概要 | 事例 |
|---|---|---|
| ⑦ エリア拡大戦略 | ■ 他地域での事業基盤を有する同業者の買収<br>■ 規模の経済性（生産性向上，コスト削減）が狙い<br>■ 販売系の業界で多く見られる | ✓ 卸売業：　高速（包装資材卸）<br>✓ 小売業：　アークス，バローHD |
| ⑧ 海外企業買収 | ■ 海外での事業基盤を有する同業者の買収<br>■ 海外での販路獲得，海外での生産拠点・物流網の獲得，海外人材の獲得が狙い | ✓ タバコ：　JT<br>✓ 食品：　キリンHD，サントリーHD，アサヒグループHD<br>✓ 製造業：　ブリヂストン，ダイキン工業 |
| ⑨ 特定顧客獲得買収 | ■ 入手取引先との口座獲得を目的とした買収<br>■ 新規に獲得することが困難な大手企業との大口取引を獲得することで，安定的な収益とクロスセルによる取引拡大が狙い | ✓ 自動車部品<br>✓ 電子部品<br>✓ 物流：　日立物流，ハマキョウレックス |
| ⑩ 顧客層拡大戦略 | ■ 違った顧客層を有する同業種の買収<br>■ 異なる属性の顧客を獲得することで，商品開発力や営業力を高め，事業基盤を拡大することが狙い | ✓ 小売：　ドンキホーテHD（現パン・パシフィック・インターナショナルHD）<br>✓ アパレル：　TSIHD |

## 1. M&A戦略⑦　エリア拡大戦略

### (1)　概要

　「エリア拡大戦略」とは，買収によって事業エリアを拡大する戦略をいう。小売業や卸売業，物流業など，地域密着型の販売業や全国規模でのネットワークが競争優位となる業界でよく見られる。地域密着型の小売業においては，全国展開する大手企業への対抗上，PB商品の開発など，規模の経済性が求められることから，地域を超えた統合を志向するケースが多い。

　エリア拡大の方向性としては，別の地域への拡大，全国規模への拡大，海外への拡大がある。本書では，海外への拡大は，「海外企業買収」の類型として整理しており，本類型は国内におけるエリア拡大を指す。

### (2)　エリア拡大戦略における留意点

　一般的に，同業者の買収によるエリア拡大は，シナジー効果が出やすい。ただし，エリア拡大においては，以下の点に留意することが重要である[1]。

　第一に，エリア拡大の前提として，最初の市場での事業活動がうまくいっていること。当然のことながら，失敗や平凡さを他の地域に移転しても効果はない。もっとも，M&Aにおいては，競争力の高い他地域の同業者を買収することで，そのノウハウを取り込むという動機はありうるが，自社の事業活動のほうが劣っている場合，買収後の経営において主導権を取ることは難しいであろう。

　第二に，どのような点で新市場は元の市場と異なっているのか，市場の特性を把握しておくことが重要である。特に，カギとなる成功要因，競争環境，流通チャネル，顧客特性に注意が必要である。それらを把握した上で，最適な買収ターゲット企業を選定すべきである。

　第三に，異なる市場環境に事業を適応させるための緻密な計画を立案するこ

---

1　デービッド・アーカー著，野中郁次郎ほか訳『戦略市場経営』（ダイヤモンド社，1986）350頁。

136　第2編　M&A戦略の15類型

と。特に，規模の経済性を得るために統合すべき点と，地域特性に適合させる
部分のバランスをいかに取るかは重要である。買収した企業の事業活動のうち，
地域特性に合わせた部分は尊重しつつ，バックヤードなど共通化できる部分は
最大限共通化することで，規模の経済性によるシナジー効果を享受できる。

### 事例17　北海道から東北へのドミナント戦略～アークス（食品スーパー）

　アークスは，北海道・東北に拠点を置くスーパーマーケットを中心とした食
品流通グループである。

　2002年にラルズ（札幌市）と，福原（帯広市）が経営統合し，アークスを設
立。その後，2004年に道南ラルズ（函館市）とふじ（旭川市），そして2009年
に東光ストア（札幌市）が加わり，2011年2月期決算では北海道の流通業で初
となる年商3,000億円を達成した。2011年にユニバース（八戸市）と篠原商店
（網走市），2012年にジョイス（盛岡市），さらに2014年にベルプラス（盛岡
市）がグループ入りした。2016年2月期決算では年商5,000億円を達成し，
2018年2月末時点のグループ店舗数は336店舗となった（図表7-2）。このよ
うに，札幌で創業した食品スーパーのアークスは，M&Aを活用して道内他地
域や青森県，岩手県に進出し，ドミナント戦略[2]により同エリアではいずれも
シェアナンバー1を実現している（図表7-3）。

　同社は「八ヶ岳連峰経営」を掲げ，持株会社の下にほぼ同規模の会社が並ぶ
グループ経営を目指していることに特徴がある（図表7-4）。

　「八ヶ岳連峰経営」とは，「富士山のように高くそびえる大きな1つの企業体
ではなく，八ヶ岳連峰のように同じ高さの山々が連なる企業連合を目指す」も
のである。同社によれば，この名称は，2000年5月11日付日本経済新聞に掲載
されたアサヒビール元名誉会長樋口廣太郎氏の論説「新・日本型経営の確立急

---

2　ドミナント戦略とは，小売業が特定の地域に店舗を集中的に出店する戦略をいう。特定
　地域に集中的に出店することで，地域での認知度向上や顧客の囲い込み，配送・広告効率
　の向上などが期待できる。

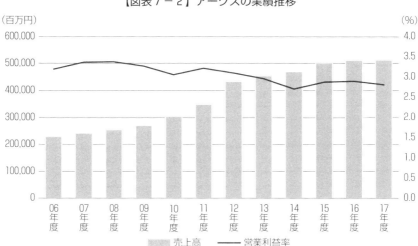

【図表7-2】アークスの業績推移

出所：SPEEDAをもとに作成

げ」の中で、「富士山のような会社は見栄えはいいが、どうしても顧客との距離が遠くなり、その要求に細かく対応できない。これからは八ヶ岳連峰のように、ほぼ同じ大きさの会社が並ぶグループ経営が求められる。」に由来しているという[3]。

　アークスは、グループのシンクタンク的な役割を担う持株会社として、グループ全体の統括および戦略の策定のほか、「中核企業としての業務執行責任の明確化と意思決定のスピードアップ」、「遂行課題を絞り込んだ企業横断的な委員会、プロジェクトの活用」、「グループ統一の情報システム（ERP）による効率化と効果的なコスト運用」、「既存組織の見直しと再編成」、「グループ統一の人材開発育成と統一人事制度」などをテーマに、グループ全体の業務改革に取り組んでいる。特に、ERPによる情報システムの統合により、各社の業務を標準化するとともに、商流の統一化や物流体制の一元化、全社共通のKPI導入などのグループシナジーを追求することで、1兆円グループ形成のための

---

[3] 同社ウェブサイトhttp://www.arcs-g.co.jp/company/arcs/

138　第 2 編　M&A戦略の15類型

M&Aプラットフォームを構築していくことも狙っている。

【図表 7 - 3】アークスの市場シェア

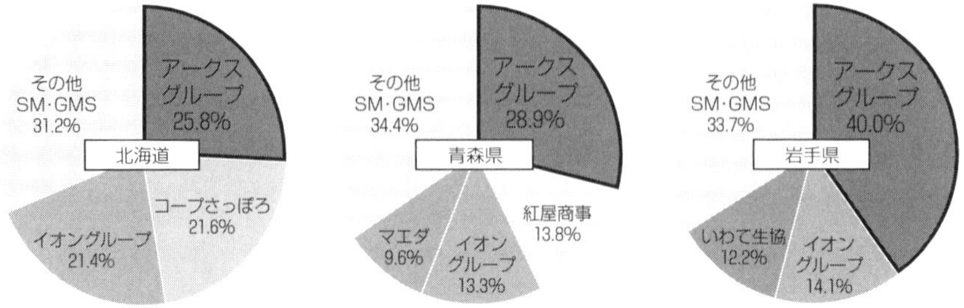

その他 SM·GMS 31.2%
アークス グループ 25.8%
北海道
コープさっぽろ 21.6%
イオングループ 21.4%

その他 SM·GMS 34.4%
アークス グループ 28.9%
青森県
紅屋商事 13.8%
イオン グループ 13.3%
マエダ 9.6%

その他 SM·GMS 33.7%
アークス グループ 40.0%
岩手県
いわて生協 12.2%
イオン グループ 14.1%

出所：同社ウェブサイトをもとに作成

【図表 7 - 4】アークスのグループ体制

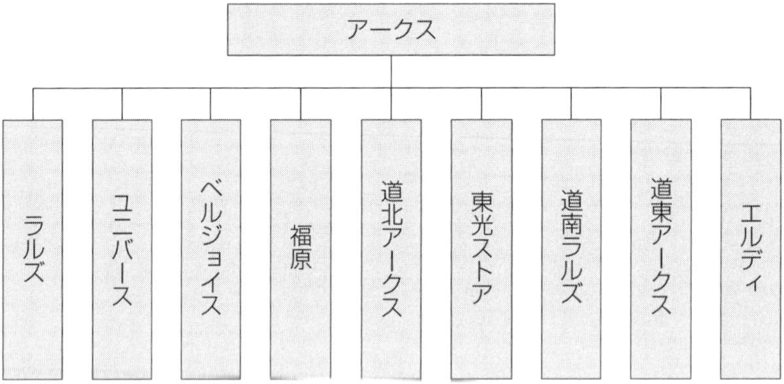

アークス

ラルズ｜ユニバース｜ベルジョイス｜福原｜道北アークス｜東光ストア｜道南ラルズ｜道東アークス｜エルディ

出所：同社有価証券報告書より作成

## 2．M&A戦略⑧　海外企業買収

### (1)　概要

「海外企業買収」とは，買収によって海外での市場シェアを一気に獲得する戦略をいう。人口減少による国内市場の縮小により，多くの業界で見られる戦略だが，特に世界的な競争が激しいハイテク産業やIT業界，人口減少の影響が直結する食品業界などで顕著である。近年，日本企業による海外企業の買収件数は増加の一途を辿っており，今後も一層の増加が見込まれる（図表7－5）。

**【図表7－5】日本企業による海外企業買収の件数（IN-OUT型）**

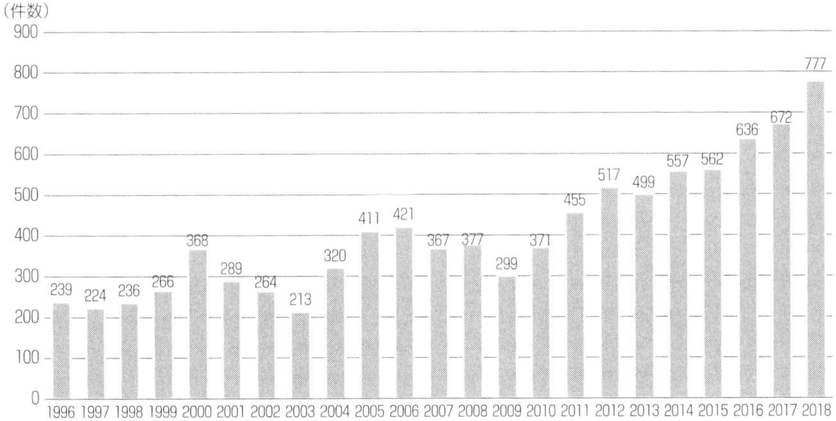

出所：MARRをもとに作成

### (2)　国際経営戦略の方向性

グローバルに事業を展開する上で最も重要な課題の1つは，グローバルに統合すべき部分と，現地の事業環境に適合すべき部分のバランスをいかに取るかである。単に世界的な規模の経済性を追求して全世界を統合的に運営するだけでは現地での競争には勝てない。一方，それぞれの現地で個別に運営するだけでは，規模の経済性が働かず，国際的な事業運営にはコストが嵩むことから収

益性は落ちてしまう。こうした，グローバル統合とローカル適合の度合いを検討するフレームワークは，「統合‐適合フレームワーク（Integration Responsiveness Framework：I-Rフレームワーク）」と呼ばれる。

　慶應義塾大学の琴坂将広准教授は，I-Rフレームワークに準じて，国際経営戦略の4つの方向性を示している（図表7‐6）。

　「母国複製戦略」とは，国際事業を副次的なものとして本社から切り離し，母国の資源や競争優位を用いて，それを運営するモデルをいう。母国市場の事業モデルを海外にそのまま移行するイメージである。この戦略は，例えば，土木・建設や一部のサービス業など，国際化の進展が遅い業界で適用される。

　「マルチドメスティック戦略[4]」とは，本社から各国への大幅な権限委譲を行い，各国は独自判断を基本として事業を行うモデルをいう。この場合，本社は全体の資源管理に集中することとなる。この戦略は，例えば，食品や外食，コンテンツ事業など現地の文化が強く影響する業界で適用される。

　「グローバル戦略」とは，本社が各国子会社に対して強力な権限を持ち，本社を中心にして，全世界で統合的な戦略構築とその運営を行うモデルをいう。この戦略は，例えば，鉄鋼や金融，化学，資源など，競争がグローバルに展開され，世界的な市場の寡占化が進んでいる業界で適用される。

　「トランスナショナル戦略」とは，現地への適合を進めると同時に，本社に十分な権限を残すことで効率性と適応性を担保するモデルをいう。グローバル統合とローカル適合をうまくバランスさせるという意味で，「グローカル戦略」とも呼ばれる。この戦略は，例えば，自動車や日用消費財など，世界的な統合を推し進めながら，各国市場にも適応できる大規模な多国籍企業で適用される。

　海外企業買収においては，どの国際経営戦略を採用するかによって，買収後の経営統合（PMI）のあり方が決まってくるため，自社の国際経営戦略の方向性を意識することが重要である。

---

4　「マルチナショナル戦略」とも呼ばれる。

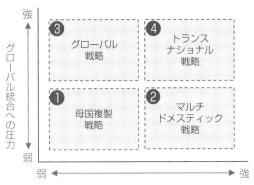

【図表7-6】国際経営戦略の4つの方向性

出所：琴坂将広『領域を超える経営学』（ダイヤモンド社，2014）

### (3) 海外M&A研究会報告の要点

　近年，海外M&Aは，激しいグローバル競争の中で，日本企業がスピード感を持った成長を実現していく上で重要かつ有効なツールとなっている。一方で，海外M&Aは，言語や文化の違いなどから難易度が高く，期待した成果が得られていない例も多い。そこで，経済産業省は2017年夏に有識者による研究会を立ち上げ，2018年3月に「我が国企業による海外M&A研究会報告書」（報告書）および「海外M&Aを経営に活用する9つの行動」（9つの行動）を公表した[5]。この研究会は，日本企業の現場での取組みや生の声をもとに，海外M&Aを有効に活用していく上で留意すべきポイントと参考事例を「報告書」としてまとめるとともに，経営者目線で重要なポイントを「9つの行動」として整理するなど，現場での活用を強く意識した提言を行っている点で評価できる。

　ここでは，「報告書」と「9つの行動」の概要を紹介する。

---

[5] 経済産業省ウェブサイトhttp://www.meti.go.jp/press/2017/03/20180327003/20180327003.html

## ① 「報告書」の概要

　海外M&Aを企業の成長に有効活用するためには，経営トップがプロセス全体に主体的にコミットして，リーダーシップを発揮した上で，個別案件の実行力のみならず，戦略ストーリーの構想力，基盤としてのグローバル経営力を併せ持つことが重要である（図表7-7）。

【図表7-7】海外M&A成功に向けた3つの要素とトップのコミットメント

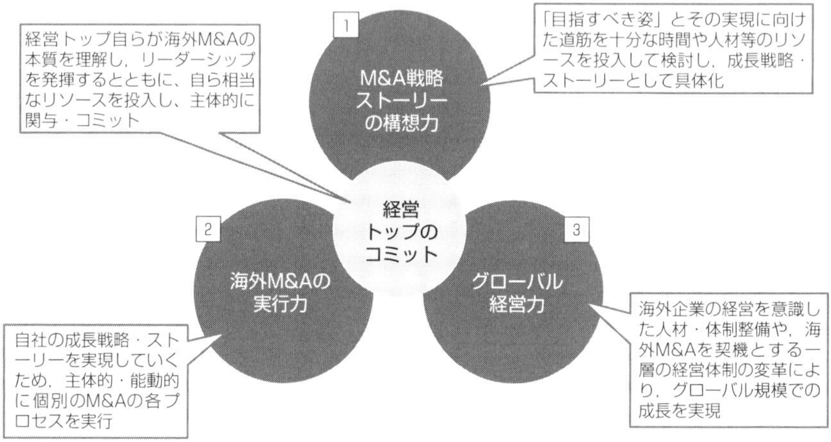

経営トップ自らが海外M&Aの本質を理解し，リーダーシップを発揮するとともに，自ら相当なリソースを投入し，主体的に関与・コミット

1 M&A戦略ストーリーの構想力

「目指すべき姿」とその実現に向けた道筋を十分な時間や人材等のリソースを投入して検討し，成長戦略・ストーリーとして具体化

経営トップのコミット

2 海外M&Aの実行力

自社の成長戦略・ストーリーを実現していくため，主体的・能動的に個別のM&Aの各プロセスを実行

3 グローバル経営力

海外企業の経営を意識した人材・体制整備や，海外M&Aを契機とする一層の経営体制の変革により，グローバル規模での成長を実現

出所：経済産業省「我が国企業による海外M&A研究会報告書」

### ■成功要素1：「M&A戦略ストーリーの構想力」

　海外M&Aを有効活用している企業は，M&Aの実行力にとどまらず，海外M&Aの実行の前と後の「平時」の段階から，将来の海外M&Aを見据え，海外M&Aを日常事として地道な取組みを行っている。

　まず，プレM&Aの段階では，中長期の時間軸で自社の「目指すべき姿」をまずはっきりさせた上で，そこから逆算して，成長戦略・ストーリーに基づいて主体的・戦略的に海外M&Aの検討・準備を行うことに十分な時間や人材等のリソースを投入している（図表7-8）。

第7章　市場開拓型M&A戦略　　143

【図表7－8】M&A戦略ストーリーの構想力

| 明確かつ一貫した成長戦略・ストーリー | ■中長期の時間軸の中で「目指すべき姿」を明確化し，その実現に向けた道筋を「成長戦略・ストーリー」として具体化し，海外M&Aを自ら定義した成長を達成するための手段として明確に位置付け，これを判断の軸としてM&Aを立案・実行する<br>　✓海外M&Aをグローバル成長のための唯一の手段とせず，オーガニック成長や提携・JV等の代替案と比較検討する<br>　　…「なぜ海外M&Aなのか？」「どういった場合に海外M&Aを活用するべきか」「海外M&Aにより何をどう実現するのか」等を問う<br>■単発の海外M&Aの成功を重視するのではなく，連続的な海外M&A実行による企業成長へ<br>　✓身の丈に合った買収から実施する<br>　✓コアになる買収と周辺を埋める買収（複数のM&Aを一連の活動と捉える）<br>　✓買収先のノウハウ・インフラを活用した追加買収により海外事業を拡大する<br>■不断のポートフォリオ見直し（買収だけでなく，売却の有効活用） |
|---|---|
| 「ストーリー」を語れる経営者 | ■中長期的な経営の展望とそれを担保するリーダーシップの継続性・一貫性が不可欠<br>　✓経営者自らが「ストーリーテラー」として会社の戦略・ビジョンを自分の言葉で社内外に発信することで，買収案件に関与する関係者ひとり一人が体現し実行に移せるよう共有・理解を促進<br>　✓現場からの意見を聞き相互に意見を交換しながら，戦略やストーリーの現場への浸透を促進できる人材および体制を構築する |

出所：経済産業省「我が国企業による海外M&A研究会報告書」

## ■成功要素2：「海外M&Aの実行力」

　海外M&Aを効果的に活用していく上では，デューデリジェンスやバリュエーション，契約交渉といったM&Aのディール実行に関わる専門的な知見やスキル，買収契約成立後の統合プロセス（PMI）といった「海外M&Aの実行力」が求められる。そのため，海外M&Aを実行する企業自身が十分なM&Aリテラシーを身につけ，外部アドバイザーに過度に依存することなく，主体的にM&Aプロセスを実行できる能力を向上させていくことがまずは重要である（図表7－9）。

144　第2編　M&A戦略の15類型

## 【図表7－9】海外M&Aの実行力

| M&A目的の設定 | 揺るぎない目標を明確にする | ✓ 中長期での企業・事業成長を見据えた買収戦略に沿ってM&Aの目的を明確化する |
|---|---|---|
| ターゲティング | 日常的かつ能動的に準備を進める | ✓ 将来の買収候補企業をリストとして可視化するとともに，事業環境や戦略の変化に合わせて定期的に見直し，いつでもM&Aに対応できる体制を整える<br>✓ 買収候補企業の調査は，現地訪問，専門機関等も活用しつつ，妥協せずに入念に行う<br>✓ 後続プロセスの基礎となる買収後経営のイメージ（青写真）を描く |
| デュー・デリジェンス | 優先順位付けに基づいて仮説検証する | ✓ 調査ポイントの仮説と優先順位を設定し，当事者意識を持ってDDを行う<br>✓ 取得した情報を基に，買収の是非の再検証や買収後の成長ストーリーの精緻化を図る |
| バリュエーション | 本源的価値を見極める | ✓ 直近の株価のみで投資回収計画を立てるのではなく，中長期的な株価の変動を捉える<br>✓ 買収価格ありきでシナジーに過度に依拠せず，買い手が見積もった対象企業のスタンドアロン価値を買収価格検討のスタートラインとする |
| 契約交渉 | 冷静にリスクに対処する | ✓ ディールプロセスで認識されたリスクの性質や影響を把握し，対処手段を選択する<br>✓ 契約交渉にはその場で意思決定できる人物が参加する |
| 買収意思決定 | 「ディールありき」ではなく「待つ」・「撤退する」選択 | ✓ 契約締結直前の「M&Aを成立させたい」思いが強まる中でも，そもそもの買収ストーリーに立ち返り，ストーリーとの整合性や撤退すべき要素の有無を冷静・丁寧に議論する |
| PMI | 早期の統合実現と中長期的な価値実現の視点を併せ持つ | ✓ PMIを含む全てのプロセスにおいて，リーダーシップの一貫性・継続性を担保する<br>✓ 早期に買収先の経営実態を把握し経営計画（青写真）を具体化するために，一気呵成にPMIを進める<br>✓ 価値観，人，ルールによるガバナンスで買収先を徹底的に「見える化」する<br>✓ シナジーを徹底的にモニタリングし株主への説明責任を果たす<br>✓ 買収先の主体性を尊重しつつも，買収側のマネジメントシナジーを提供する<br>✓ 買収した事業が期待された成果を挙げられない場合の経営判断基準を設定する<br>✓ 次の海外M&Aに向けて経営陣／取締役会・実務部隊のM&Aリテラシー向上とともに自社のM&Aの「型」を作る |
| プロセス共通 | 主体的に外部アドバイザーを活用する | ✓ 自社でできる／すべきことと，外部アドバイザーに依頼できる／すべきことを整理する<br>✓ 企業自身が主体的に問題意識を持って指摘事項の重要性を評価し，判断する |

出所：経済産業省「我が国企業による海外M&A研究会報告書」

■成功要素3:「グローバル経営力」

ポストM&Aの段階では,買収した海外企業をいかにマネジメントしていくかが問われることとなる。言語・文化・商慣習・法制度・地理的な距離等,様々な点で異なる買収先の海外企業には,国内企業を前提とした子会社管理の仕組みは通用しない。買収した海外企業の優れた人材や仕組みも積極的に経営に取り入れ,自らをグローバル規模での成長が可能な経営体制へ変革させていくことが重要である。そのためには,中長期的な視野で,海外企業にも通用するリーダーシップ・専門性・コミュニケーション能力を持った人材を育成しておくことが必要である(図表7-10)。

【図表7-10】グローバル経営力

- 海外M&Aの実行はグローバル経営のスタート。買収完了で立ち止まることなく,海外M&Aを契機とし,買収先の優れた手法の導入や本社基盤の見直し等を通じて真のグローバルカンパニーとして成長が可能な体制へ変革していく。

| グローバル経営力 | ■ 買収を通じて企業自身がグローバルカンパニーへと変革する<br>✓ グローバルな視点で改めて,本社の「あるべき姿」を問い直し,「グローバルに通用する価値観・行動規範」を作る<br>✓ 買収した企業の優秀な人材を登用する<br>✓ マネジメントや経営管理手法,ITシステム等で優れている部分を積極的に取り入れる<br>✓ グローバル競争力強化に資するインフラ整備(組織運営・子会社ガバナンス等)<br>■ 海外企業にも通用するリーダーシップ・専門性・コミュニケーション能力を持った人材を活用・育成する<br>■ 買収側の日本企業自身がエクセレントカンパニーと認識される<br>✓ 相手企業から「買われる魅力」を感じてもらうことで優位な交渉や統合(例:人材リテンション,協力姿勢)に繋がる |

真のグローバルカンパニーへの進化

出所:経済産業省「我が国企業による海外M&A研究会報告書」

146　第2編　M&A戦略の15類型

## ②　「9つの行動」の概要

　海外M&Aにおいては，経営トップが果たすべき役割が極めて大きい。海外M&Aを活用している企業の多くは，経営トップ自らが海外M&Aの本質を理解し，先手を打った主体的リーダーシップを発揮するとともに，プロセス全体を通してM&Aの成功をコミットする覚悟を持って取り組んでいる。「9つの行動」は，海外M&AにおけるプレM&AからポストPMIまでの各段階で，経営者が留意すべきポイントを整理したものである（図表7-11）。

### 事例18　海外M&Aのお手本～日本たばこ産業（JT）

　日本企業のうち海外企業買収の巧者の筆頭といえば，JTであろう。JTは，1980年代後半には将来の国内たばこ需要の減少に強い危機感を抱き，早くからM&Aによる海外市場の開拓を模索していた。

　1992年のマンチェスタータバコを手始めに買収したあと，その経験を踏まえて1999年にはRJRナビスコの米国外事業（RJRI）を約9,400億円で買収した。さらに2007年には英ギャラハーを約2兆2,500億円と日本企業によるM&Aとして当時の最高額で買収した。2010年以降は，たばこ販売にかかる規制強化で成長が見込めない先進国を補完するため，新興国を中心としたM&Aを急ピッチに進めている。16年には「ナチュラル・アメリカン・スピリット」の米国外事業を米レイノルズ・アメリカンより約6,000億円で買収した（図表7-12）。

　JTの海外たばこ事業は，子会社のJTインターナショナル（JTI）により運営されている。世界本社はスイスのジュネーブにあり，そこから日本と中国以外の世界のすべてのたばこ事業を経営している。JTIの母体は買収したRJRIであり，JTは明確化された責任権限に基づく「任せる経営」を遂行している。

　JTの海外企業買収は，海外でのたばこ事業のプラットフォーム獲得，ブランド・ポートフォリオの拡充，グローバル人材の獲得への強い思いにより突き動かされてきた。今ではグループ全体の売上および利益の約6割は海外たばこ事業によるものとなっている（2017年12月期）。

第7章　市場開拓型M&A戦略　　147

## 【図表7－11】海外M&Aを経営に活用する9つの行動

| | |
|---|---|
| Pre-M&A | 行動1：「目指すべき姿」と実現ストーリーの明確化<br>・はじめに具体的・明確な「成長戦略・ストーリー」はあるか。<br>　－海外M&Aありきではなく，まず，中長期の時間軸の中で「目指すべき姿」を明確化する。<br>　－そこから逆算して「成長戦略・ストーリー」を策定し，これに沿って海外M&Aを（複数）有機的に関連づけて展開する。 |
| | 行動2：「成長戦略・ストーリー」の共有・浸透<br>・「成長戦略・ストーリー」を，経営トップが自ら語り，社内に浸透させているか。<br>　－「ストーリー」実現に向け，海外M&Aの目的を具体化。<br>　－プロジェクト・オーナーの責任と権限を明確化し，実行部隊が自分事として主体的に一貫して実施していく体制を構築。 |
| | 行動3：入念な準備に「時間をかける」<br>・ディールに着手する前から，買収企業を「誰が」「どう」経営するか，統合後まで見据えた入念な準備はできているか。<br>　－平時から目的に合致する案件を能動的に探索し検討を行う。<br>　－統合後の経営まで，時間軸も含めた具体的なイメージを持って，常に先手を打った周到な準備を行う。 |
| ディール実行 | 行動4：買収ありきでない成長のための判断軸<br>・買収プロセスの重要ポイントやリスク，その対処方策について，担当者やアドバイザー任せではなく，自ら掌握できているか。<br>　－所期の海外M&Aの目的を見失わず，撤退条件を明確化。<br>　－「スケジュールありき」や「ディール成立の自己目的化」を回避する。 |
| PMI | 行動5：統合に向け買収成立から直ちに行動に着手<br>・「ディールの成立」を「M&Aの成功」と混同していないか。<br>　－統合により双方の強みを生かす成長を実現して初めて成功。経営トップの役割はむしろディール成立後に増大。<br>　－統合プロセスは初動が重要。契約署名で安堵せず，その後の統合に向け，先手を打った行動に直ちに着手。 |
| | 行動6：買収先の「見える化」の徹底（「任せて任さず」）<br>・買収先の経営実態や異変をしっかり把握できているか。<br>　－買収先の経営を放任しては，十分な統合効果を実現できず，危機への対処も後手に回る。<br>　－買収先の経営の自主性を尊重しつつも，何が起きているのか常にモニタリングし，フォローできる体制を確保。 |
| | 行動7：自社の強み・哲学を伝える努力<br>・自社の強み・経営哲学は買収先に共有・浸透できているか。<br>　－言語・文化の異なる相手に伝わるように，シンプル・明快なメッセージにまとめ，互いにリスペクトできる関係を構築。<br>　－「買う」「買われる」から同じ方向を向いた“We”へ「主語の転換」を図り，双方の強みを生かした成長を実現。 |
| Post-PMI<br>（過去の検証と次への準備） | 行動8：海外M&Aによる自己変革とグローバル経営力強化<br>・自社の経営・システム・人材はグローバルに通用するか。<br>　－海外M&Aを契機に，グローバルに通用する経営に向け人材育成・社内ルールの見直し等，自己変革に取り組む。<br>　－グローバルな視点から自社の強み・弱みを把握し，買収した海外企業の優れたシステムや人材を積極的に取り入れる。 |
| | 行動9：過去の経験の蓄積により「海外M&A巧者」へ<br>・過去の経験・苦労を次に生かす仕組みはできているか。<br>　－失敗も含め過去の経験・苦労は最良の教科書。組織として率直に振り返り，教訓・ノウハウを経営トップ以下で共有する。<br>　－自社なりの「型」を確立し，平時からの備えを持って次なる海外M&Aにつなげていく。 |

出所：経済産業省「海外M&Aを経営に活用する9つの行動」

148 第2編 M&A戦略の15類型

【図表7－12】JTによる主な海外M&A実績

| 1992年 | 英・マンチェスタータバコ |
| 1999年 | RJRナビスコの米国外事業 |
| 2006年 | セルビア・葉タバコ製造会社 |
| 2007年 | 英・ギャラハー |
| 2009年 | ブラジル・葉タバコサプライヤー |
| 2011年 | スーダン・タバコ会社 |
| 2012年 | ベルギー・ファインカット会社 |
| 2013年 | エジプト・水タバコ会社 |
| 2014年 | 英・電子タバコ会社 |
| 2015年 | 米・電子タバコ会社 |
| 2015年 | イラン・タバコ会社 |
| 2016年 | ブラジル・タバコ流通会社 |
| 2016年 | ドミニカ・タバコ会社 |
| 2016年 | ナチュラル・アメリカン・スピリットの米国外事業 |
| 2017年 | フィリピン・タバコ会社 |
| 2017年 | インドネシア・タバコ会社，タバコ流通会社 |
| 2017年 | エチオピア・タバコ会社 |
| 2018年 | ロシア・紙巻タバコの製造および販売 |
| 2018年 | バングラデシュ・紙巻タバコの製造および販売 |

出所：各種公表資料をもとに作成

■緻密な買収準備

　JTの海外M&Aは，緻密な準備とPMIの実行力に定評がある。

　JTで数々の海外M&Aを主導してきた新貝康司副社長（当時）は，「買収検討，買収作業で大切なことは，買収する会社自らが主体的に買収検討，作業を実施すること」であるという[6]。「主体的に」とは，「普段から事業会社がどの会社が買収対象として戦略的に合致して経済合理性を全うできるのかを検討するこ

───────────

6　新貝康司『JTのM&A』（日経BP社，2015）118頁。

と」である。

ギャラハー買収では，ギャラハー以外の会社を含む複数社を3年かけて，以下の点を中心に検討した。

---

① 買収目的の明確化
② 対象企業の選択
③ 統合を見据えた企業価値評価（買収後の経営の青写真に基づく企業価値算定）
④ 対象企業取締役会の重要関心事の洞察
⑤ 適切なアドバイザーの活用による買収諸課題の解決
⑥ 買収を巡る他社の動きのインテリジェンス

---

買収目的の明確化は，ディールがブレイクしそうな際に，「なぜこの買収をしたかったのか」に立ち戻って議論するためには非常に重要である。そして，その目的を果たせない場合は，勇気ある撤退の判断軸となる。

また，買収金額の前提となる企業価値算定のためには，買収後のシナジー効果を定量的に見積もることが必要だが，JTはギャラハーとの統合により個々の市場でどのような統合をするのかをしっかりと詰め，精緻に定量化した。例えば，各国市場での本社設置，ブランド配置，営業員や間接人員数，工場の統廃合に至るまで，中核市場の1つ1つについて詳細な検討を行い，「買収後の経営の青写真」を描いた。そして，それをもとに，ギャラハーのスタンドアローン価値，コストシナジー，売上シナジー，財務シナジー（税務メリットや借入コスト低減等）を詳細に算定した。このように精緻に算定した企業価値は，価格交渉において重要な役割を果たした。また，買収後経営の青写真は，PMIにおける統合計画のたたき台にもなり，早期の統合計画策定を可能にした。

### ■PMIの実行力

RJRI買収では，8か月間をかけて統合計画を作成した。その際，JT流にこだわらずに，RJRI（新生JTI）再生のために何がベストかにこだわり，長期的なフリーキャッシュフロー創出力の向上と業務遂行能力の強化を目指した。

買収後のKPIとして，EBITDAとグローバル・フラッグシップ・ブランド（GFB）の売上高を設定した。後者については，RJRナビスコから獲得した

「キャメル」「ウィンストン」「セーラム」とJTの有力ブランド「マイルドセブン」をグローバル・フラッグシップ・ブランドとして，その売上高を管理することで，EBITDA重視にありがちなマーケティング費用の削減といった縮小均衡に陥らないよう配慮したものである。

その結果，2001年1月からギャラハー買収直前の2006年までの間に，GFB数量とEBITDAは順調に成長し，EBITDAは3倍以上の10億9,000万ドルに達した。

ギャラハーの買収では，RJRI買収の反省も踏まえ，世界規模での統合計画をわずか100日で作り上げた。統合作業にあたっては，JTからJTIへの大幅な権限委譲を行い，統合における10個の基本原則を明確化したほか（図表7－13），当事者意識を鼓舞する統合管理体制を構築することで，円滑な統合作業を実現した。

また，ギャラハー社員の不安を解消するため，様々な取組みを行ったことも統合を成功に導いた要因の1つといえる。例えば，レポートラインの明確化，統合イントラサイトの立ち上げ，社内コミュニケーション・ハンドブックやHR（ヒューマンリソース・マネジメント）ハンドブックの作成，幹部社員との面談，トップマネジメントによる各現場へのロードショーなど，目指すべき方向性やコミュニケーションルールを明確化することで，人心を安定させるためのあらゆる方策を遂行した。

ギャラハーの統合計画では，トップライン（売上）成長の機会の追求とコストシナジーの迅速な実現が中心的な課題となった。トップラインの成長機会追求では，GFBを4ブランドから8ブランドに増やし，ポートフォリオ化した成長戦略を構築した。コストシナジーでは，本社機能の統合，製造拠点および原材料調達の最適化，流通・営業販売組織の効率化，ERP導入などで，3年間でEBITDAを年平均10%以上成長させることを目指した。

3年後，リーマンショックの発生による世界景気の減退にもかかわらず，JTIはその目標を見事に達成した。

## 【図表7−13】 ギャラハー統合における10の基本原則

| 1 | One company - one management | シングルカンパニー，シングルマネジメントを実現し，明確なレポートラインの組織 |
|---|---|---|
| 2 | Fair and equal treatment of all employees, irrespective of company of origin | 出自にかかわらず，全従業員に対し公平で公正に扱う |
| 3 | Speed in decision making is critical - 80/20 rule | 迅速な意思決定−「80/20ルール」。統合スピードを上げるため80点でも実行に移す |
| 4 | Keep it simple | 何事もシンプルに |
| 5 | Plan delivery is our #1 priority | 年度計画の達成が最優先 |
| 6 | Strictly minimize disruptions to existing business | 通常オペレーションの混乱を最小化 |
| 7 | Capture synergies in a disciplined and systematic manner | 体系的なシナジーの捕捉 |
| 8 | Separate organization for integration management but all excom members accountable to deliver results | 独立した統合管理体制。一方，結果責任はすべてのExcom（業務執行役員会）メンバーに帰属する |
| 9 | In-house management | 社内資源での統合完遂 |
| 10 | Integration plans will be finalized in the first 100 days after closing | 100日間で統合計画を策定 |

出所：新貝康司『JTのM&A』（日経BP社，2015）をもとに作成

■株価パフォーマンス

　過去10年間のJTの株価上昇率を見ると，2015年までは日経平均や競合のフィリップモリスと比較しても概ね高いパフォーマンスを見せていたが，2016年以降は上昇率が下落傾向にあり，日経平均にも劣後している（図表7−14）。これは，2016年のナチュラル・アメリカン・スピリット事業の高額買収がきっかけになった可能性がある。2016年9月の買収発表後，JTの株価は一時10％も下落した。同事業の2014年度の税引前利益は21億円で，買収額はその286倍にも上った[7]。2016年度以降はROA，ROEともに減少傾向にあり，市場の見方は厳しさを増している（図表7−15）。

　なお，2017年半ば以降は，フィリップモリスの株価も下落傾向が続いている。

---

7　買収額が割高だとの指摘に対し，新貝氏は，「年率35％で売上高が伸びているベンチャー企業を買ったようなものであって，EV/EBITDA倍率のような利益に対する指標で測ることは妥当ではない」との主旨のコメントをしている（週刊東洋経済2015年11月7日号）。

これは先進国を中心に世界的なたばこ規制の強化による需要の減退が懸念されているためと考えられる。

【図表7-14】JTの株価推移

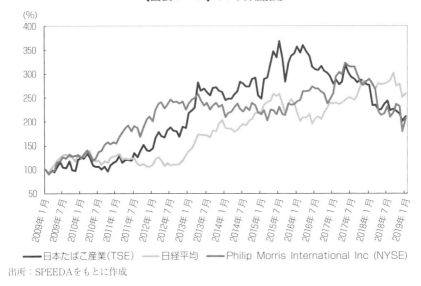

出所：SPEEDAをもとに作成

【図表7-15】JTの業績推移

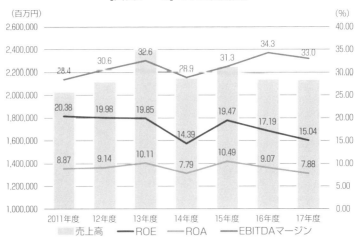

出所：SPEEDAをもとに作成

### 事例19 海外M&Aと愚直な「最寄り化」で高成長を実現～ダイキン工業

ダイキン工業は，1924年に，「大阪金属工業所」として，飛行機のエンジンを冷やすラジエータチューブのメーカーとして創業した。現在は，売上高 2 兆円を超える空調機器製造の世界最大手である（図表 7 - 16）。売上の 8 割近くは海外からであり，売上構成も，米国，日本，中国，アジア・オセアニア，欧

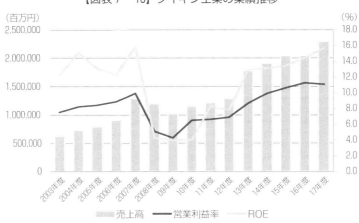

【図表 7 - 16】ダイキン工業の業績推移

出所：SPEEDAをもとに作成

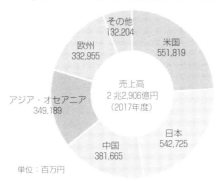

【図表 7 - 17】ダイキン工業の地域別売上高（2017年度）

出所：SPEEDAをもとに作成

154　第2編　M&A戦略の15類型

州がそれぞれ15〜20%前後と非常にバランスが取れている（図表7−17）。

　同社のグローバル展開は，2006年の空調世界大手のOYL社（マレーシア）を買収して以来，加速している。これまでに30以上の海外M&Aを実行しているが，必ずしもPMIは円滑に進んだわけではなく，様々な苦労を重ねて業績を拡大させてきた（図表7−18）。OYL買収後には，同社から約130人が退職するなどの想定外の事態に，日本から約300人を各国に派遣するなど，悪戦苦闘しながら業績を伸ばした[8]。また，交渉に8年もの歳月と3,000億円近くをかけて2012年に買収した米グッドマンは，2015〜2017年度まで3期連続の経常赤字に陥るなど，経営は試行錯誤が続いている。

　2018年11月には，欧州の大手冷蔵機器メーカー，AHTクーリングシステムズ（オーストリア）の買収を発表した。同社は，2020年度を最終年度とする中期計画「FUSION20」の中で，各地域の空調事業，化学，フィルタなど既存事業の強化に加え，事業領域の拡大や事業構造の転換を掲げており，商業用冷設事業の拡大はその一環である。

　同社の海外展開の特徴は，消費地の近くで生産する「最寄り化」にある。他の空調メーカーは人件費の安い特定国で集中的に生産することが多いが，同社は物流効率や機会費用，現地政府との関係性など総合的なメリット，全体最適を考えて「最寄り化」を基本方針として掲げている[9]。

　空調機器は，地域によって好まれる製品タイプが異なっており，その地域に応じた製品形態や販売方法が必要とされる。また，販売面では単なる代理店への卸売りにとどまらず，専売の販売店を通じて工事・保守サービス網を構築することが必要となる。そのため，現地に根付いた実行力が求められるが，同社の「実行力のある組織風土」[10]という強みは海外展開にも活かされている。これが，同社が海外M&Aを有効活用して業容を拡大することができた秘訣であろう。

---

8　週刊東洋経済2018年4月28日−5月5日合併号。
9　週刊東洋経済2018年4月28日−5月5日合併号。
10　同社は，経営理念として「人を基軸におく経営」を掲げている。

第7章　市場開拓型M&A戦略　155

## 【図表7－18】ダイキン工業による主なM&A

| 年月 | 内容 | 事業内容 | 買収金額 |
|---|---|---|---|
| 2006年 5月 | OYLインダストリーズ（マレーシア）を買収 | 空調事業およびフィルター事業の世界大手 | 2,438億円 |
| 2007年 4月 | イトー エアコンディショニング（オランダ）を買収 | オランダの販売代理店 | |
| 2008年 9月 | ロテックス（ドイツ）を買収 | ドイツの暖房機メーカー | |
| 2009年10月 | 日本無機（日本板硝子子会社）を買収 | 日本のエアフィルタのトップメーカー | 50億円 |
| 2011年 7月 | エアフェル（トルコ）を買収 | トルコの空調機メーカー | 207億円 |
| 2012年 8月 | グッドマン（米国）を買収 | 米国の住宅用空調大手 | 2,960億円 |
| 2013年 7月 | PTタタ・ソリュシ・プラタマ（インドネシア）を買収 | インドネシアの販売代理店 | |
| 2015年 2月 | ベルギー化学大手ソルベイから冷媒事業を買収 | 欧州のエアコン向け冷媒（フロン）事業。自動車に強み。 | 30億円弱 |
| 2016年 2月 | フランダース（米国）を買収 | 米国のエアフィルタのトップメーカー | 507億円 |
| 4月 | ザノッティ（イタリア）を買収 | イタリアの業務用冷凍・冷蔵機メーカー | 123億円 |
| 12月 | ディンエア（スウェーデン）を買収 | 北欧のエアフィルタメーカー | |
| 2017年 6月 | エアマスター（オーストラリア）を買収 | オーストラリアの空調機サービス大手 | 80億円 |
| 8月 | ヘロフロン（イタリア）を買収 | イタリアのフッ素樹脂コンパウンドメーカー | |
| 2018年11月 | AHTクーリングシステムズ（オーストリア）を買収 | 欧州の商業用冷設大手 | 1,145億円 |

出所：同社公表資料，報道資料をもとに作成

156 第2編　M&A戦略の15類型

### 事例20　旺盛な起業家精神で人材領域グローバルトップを目指す ～リクルートホールディングス

　リクルートホールディングスは，長期ビジョンとして，「2020年人材領域グローバルNo. 1」「2030年人材・販促領域グローバルNo. 1」を掲げている。

　2007年，人材派遣分野で業界5位の同社は，人材派遣大手のスタッフサービス・ホールディングスを買収し，国内において業界首位に躍進した。2010年，米国の人材派遣会社CSIを28億円で買収したのを皮切りに，人材派遣，HRテック，メディア各事業において海外企業のM&Aを本格化させている。2012年に求人検索エンジン大手の米インディードを965億円で買収し，2016年には欧州の人材派遣会社大手のユーエスジーピープルを1,885億円で買収。さらに2018年には，求人検索サイト運営の米グラスドアを1,285億円で買収した（図表7－19，図表7－20）。

　海外売上高比率は2010年のCSI買収前の0％から，2018年3月期には46％と大幅に増加した。人材派遣分野では，世界5位の規模にまで成長している。株式時価総額も，2014年の株式上場時の1兆8,200億円から，2018年10月末時点で約5兆円と，大きく上昇している。

　同社の海外M&Aは，自社の強みを活かして巧みに実行されている。人材派遣分野においては，「ユニット経営」と呼ばれる同社独自の経営手法を買収した海外企業にも適用している。ユニット経営とは，職種やエリアに基づいて10～100人規模の組織をユニットとして権限を委譲し，1つの会社のように運営する手法である。そのKPIとして，EBITDAマージンの改善を採用し，月次の損益計算書とKPIを毎月従業員が共有する。人材派遣事業は，派遣スタッフの労働そのものが「商品」となるため，事業者としての差異化が難しい。また，派遣スタッフへの給与が大部分を占めるため，原価を低減する余地が小さいほか，近隣で仕事を探す人を主な対象とするサービスであるため，広域の画一的な事業運営が困難という特性がある。そのため，現場ごとのきめ細かい改善を積み上げることが生産性を高める上で重要であり，そのためユニット経営とい

第7章　市場開拓型M&A戦略　157

【図表7-19】リクルートホールディングスの主な海外M&A

| 買収年 | 企業名 | 所在地 | 事業分野 | 買収金額 |
|---|---|---|---|---|
| 2010 | シーエスアイ | 米国 | 人材派遣 | 28億円 |
| 2011 | アドバンテージ・リソーシング | 米国，オランダ | 人材派遣 | 310億円 |
| 2011 | スタッフマーク | 米国 | 人材派遣 | 230億円 |
| 2012 | インディード | 米国 | HRテック | 965億円 |
| 2013 | アンテオ | 米国 | 人材派遣 | 非公開 |
| 2015 | アテロ | 米国 | 人材派遣 | 45億円 |
| 2015 | チャンドラー・マクロード | オーストラリア | 人材派遣 | 283億円 |
| 2015 | ピープルバンク | オーストラリア | 人材派遣 | 67億円 |
| 2016 | ユーエスジーピープル | オランダ | 人材派遣 | 1,885億円 |
| 2018 | グラスドア | 米国 | HRテック | 1,285億円 |

出所：公表資料，報道資料

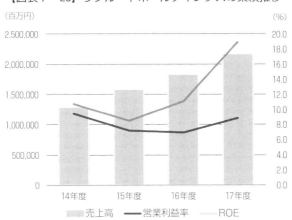

【図表7-20】リクルートホールディングスの業績推移

出所：有価証券報告書

158 第2編　M&A戦略の15類型

う手法が効果を発揮しているのである。ユニット経営は，社員一人ひとりが
オーナーシップを持って仕事をする風土が定着している同社ならではの手法と
もいえる。実際，業界他社と比較しても，同社の人材派遣事業の利益率は高い
（図表7-21）。

　HRテック分野のインディード買収に際しては，「じゃらんnet」や「ホット
ペッパービューティー」を新規開発し，デジタル版マッチングプラットフォー
ムに精通した出木場久征氏を送り込んだ。営業担当のいなかったインディード
にリクルート流の営業手法を導入するなどし，買収後6年間で売上高を20倍
（2018年3月期19.7億ドル）にまで引き上げた。

　リクルートホールディングスの峰岸真澄社長は，雑誌のインタビューで，
「リクルートは企業文化そのものが競争力」だと述べている[11]。「自分自身で何
かをプロモートしていく，産業の変革に立ち会うといった経験を積み重ねてい
く。リクルートの経営陣は皆そうした感覚です。アントレプレナーシップ（起
業家精神）が旺盛な人間が経営陣となって，社員それぞれの可能性に期待し，
懸けていく。期待された社員には『圧倒的な当事者意識』が生まれ，次につな
がる。それが循環していくのがリクルートです」――起業家精神が旺盛な文化
が，海外での躍進の背景にあることは間違いなかろう。

　同社は，2018年4月からSBU単位[12]での事業拡充を加速させるため，持株会
社の機能を強化するとともに，各SBUの自律自転を推進する体制に移行してい
る。同社の企業文化と戦略に合致した経営体制への移行により，さらなる成長
が期待される。

---

11　日経ビジネス2017年10月16日号。
12　SBU（Strategic Business Unit：戦略事業単位）とは，共通のミッション，市場環境，
　成功要因（KFS）を持つ事業を一括りとした事業単位を意味する。

第7章　市場開拓型M&A戦略　159

**【図表7－21】大手企業の人材派遣事業の営業利益率**

| リクルートHD | 2016/03期 | 2017/03期 | 2018/03期 |
|---|---|---|---|
| 売上高（百万円） | 890,010 | 1,068,740 | 1,298,871 |
| 営業利益（百万円） | 49,615 | 63,328 | 72,724 |
| 営業利益率（％） | 5.6 | 5.9 | 5.6 |

| パーソルHD | 2016/03期 | 2017/03期 | 2018/03期 |
|---|---|---|---|
| 売上高（百万円） | 401,854 | 440,678 | 481,071 |
| 営業利益（百万円） | 17,459 | 20,747 | 22,122 |
| 営業利益率（％） | 4.3 | 4.7 | 4.6 |

| パソナグループ | 2016/03期 | 2017/03期 | 2018/03期 |
|---|---|---|---|
| 売上高（百万円） | 218,231 | 232,285 | 258,781 |
| 営業利益（百万円） | 1,959 | 2,297 | 5,075 |
| 営業利益率（％） | 0.9 | 1.0 | 2.0 |

出所：有価証券報告書（各社の人材派遣セグメント情報）

## 3．M&A戦略⑨　特定顧客獲得買収

### (1)　概要

　「特定顧客獲得買収」とは，買収によって新たな取引先の口座獲得を狙いとする戦略をいう。自動車や工作機械，物流など，特定の大手企業との取引が固定化している業界においてよく見られる。

　系列関係が根強く残る自動車業界を筆頭に，一方の取引先企業側も，協力会社が他社に買収されることによる供給不安を心配するケースが増えている。特に，投資ファンドによる買収には神経を尖らせている企業は多い。ファンドのExit（売却）に際して，その協力会社が系列外の競合他社に買収されてしまうことを強く危惧している。

　こうしたことから，取引上，特定の大手企業への依存度が高い企業を買収す

る場合，当該取引先から買収の了解を取り付けられるように慎重に対応することが重要である。多くの場合，そうした企業との取引契約には，COC（Change of Control）条項が盛り込まれており，買収を機に企業の支配権が代わる場合には一方的に取引契約を解除できることとなっている。特定企業との取引がいきなり消失しては，買収対象企業の価値は大きく毀損してしまう。そこで，買収に際しては，当該取引先へ打ち明けるタイミングと方法について，買収対象企業の経営者と慎重に作戦を練ることが重要である。

## (2) 特定顧客への依存度が高い企業の魅力とリスク

　一般に，特定企業への取引依存度が高いことは，事業上リスクが高いと考えられている。その企業との取引が打ち切られると大幅な売上減少を招くため，そうした見方は基本的に正しい。金融機関等からM&A候補企業が持ち込まれた際，対象企業の売上が特定企業に大きく依存していると，それだけで買収の候補からはずしてしまうことも珍しくない。

　一方で，多くの業界で長期的な取引慣行が見られる日本においては，有力企業との長期安定的な取引関係は大変魅力的でもある。有力企業とのそうした取引関係は一朝一夕に構築できるものではなく，供給する製品・サービスの高い品質に裏打ちされた長期にわたる信頼関係の醸成の結果，構築されるものである。したがって，そのような取引関係は，一種の参入障壁となっていることも多い。そうしたことから，特定顧客への依存度の高さは，たしかにリスクは高いものの，必ずしもそれだけでM&Aのターゲットからはずす理由とすべきではない。

　特定企業への取引依存度が高い企業の買収を検討するにあたっては，デューデリジェンス（DD）において，当該企業が供給する製品・サービスの品質の高さや取引先からの評価，さらに取引先の事業戦略および信用力を精査することが重要である。

　供給する製品・サービスの品質が競争優位性を保てないリスクが高ければ，取引関係が解消されてしまうリスクがある。その点で，競合納入先がある場合

は，その企業の製品・サービス品質との比較も重要である。

　また，取引相手となる事業部門が当該取引先のノンコア事業である場合，当該取引先が同分野から撤退してしまうリスクを孕む。そのため，取引先の事業戦略を確認することも重要である。

　当該取引先が中堅・中小企業の場合，当該企業の信用力を調査することも重要である。買収後に当該企業が倒産した場合，連鎖倒産の憂き目を見るリスクがあるためである。

　このように，DDにおいて然るべき調査を行い懸念が払拭されれば，特定企業への取引依存度が高い企業は非常に価値のある企業に化ける可能性がある。

### 事例21　M&Aとテクノロジーでロジスティクスを超えたビジネスモデル構築を目指す〜日立物流

　物流業務のコスト削減や高度化を背景に，企業による物流業務の外部委託化が進んでいる。また，3PL（サード・パーティー・ロジスティクス[13]）事業を通じて，物流会社も顧客企業との結び付きを強めている。こうしたことから，大手物流各社は特定顧客の獲得を目的としたM&Aに積極的である。中でも日立物流は，3PLの先駆者であり，M&Aを活用して大きく成長した企業である（図表7－22）。

　同社は，1950年に日立製作所の物流子会社として設立され，1986年から3PL事業（同社では「システム物流事業」と呼ぶ）に着手し，日立グループ以外の顧客からの実績を拡大していった。同社は，2005年のクラリオンの物流事業買収を皮切りに，3PL事業でのシナジーを目的とした大手企業の物流子会社の買収と，国際物流事業の強化を目的とした海外物流企業の買収を積極的に展開し

---

13　3PLとは，一般的に荷主に対して物流改革を提案し，包括して物流業務を受託し遂行することをいう。基本的には，荷主と運送業者という「利益相反」する関係による不都合を解決するために，ノウハウを持った第三者（日本では運送業者と同一である場合もある）が，荷主の立場にたって，ロジスティクスの企画・設計・運営を行う事業だと考えられている。（日本通運ウェブサイト。https://www.nittsu.co.jp/3pl/what.html）

162 第2編 M&A戦略の15類型

**【図表7－22】日立物流の業績推移**

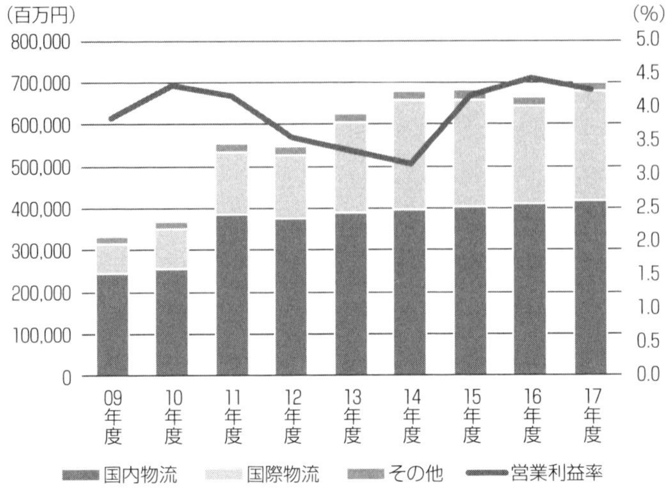

（百万円）　　　　　　　　　　　　　　　　　　　　　　　（%）

| | 国内物流 | 国際物流 | その他 | 営業利益率 |
|---|---|---|---|---|

出所：SPEEDAをもとに作成

ている（図表7－23）。

　2011年4月の自動車物流大手バンテック買収により，売上高は5,000億円を突破。さらに2016年3月にはSGホールディングスとの資本業務提携を発表し，売上規模でヤマトホールディングスを抜いて，日本通運に次ぐ2位グループを形成するに至った。

　同社は，「Global Supply Chain Solutions Provider」を目指す姿とし，中期経営計画（2016-18年度）では，コア事業である「3PL事業の徹底強化とシェア拡大」「フォワーディング事業の拡大」「重量・機工事業の強化」を基本戦略に置く。同社はグループ会社である日立製作所のIT技術を武器に，佐川急便の物流データも含めたビッグデータを活用した最新鋭のサプライチェーンマネジメントを提案することも視野に入れ，独自のR&Dセンターを設立するなど，研究開発投資も積極的に行っている[14]。SGホールディングスとの統合も視野に，

---

14　週刊ダイヤモンド2018年3月24日号。

第7章　市場開拓型M&A戦略　163

【図表7-23】日立物流による主な国内M&A

| 時期 | M&Aの内容 | 売上高 |
|---|---|---|
| 2005年 7月 | カーオーディオ大手クラリオンの物流部門事業を譲受け | |
| 2006年12月 | 資生堂の物流子会社を買収 | 183億円 |
| 2008年12月 | トークツ・グループのシューズ配送を中心とした物流事業を買収 | |
| 2009年 5月 | 内田洋行の東日本エリアの物流子会社を買収 | 3億円 |
| 2010年10月 | 化学大手のDICの物流子会社を買収 | 177億円 |
| 11月 | DCMホールディングス傘下のホーマックの物流子会社を買収 | |
| 2011年 4月 | 日産自動車系の完成車・自動車部品物流と航空・海上フォワーディングのバンテックを買収 | 1,136億円 |
| 8月 | 麺類メーカーのシマダヤの物流子会社を買収 | 3億円 |
| 2012年 8月 | 日立電線の物流子会社を買収 | 141億円 |
| 2016年 3月 | SGホールディングスと資本業務提携。日立物流が佐川急便の20%の株式を取得，SGホールディングスが日立物流の29%の株式を日立製作所より取得 | 8,574億円 |
| 2018年10月 | 国際貨物運送と3PL事業者のエーアイティーと資本業務提携。エーアイティーを完全親会社，日立物流の子会社である日新運輸を完全子会社とする株式交換を実施し，日立物流がエーアイティーの20%取得 | 251億円 |

出所：同社公表資料，報道資料

物流業界におけるデジタルプラットフォームを構築することを目指している。

# 4．M&A戦略⑩　顧客層拡大戦略

## (1)　概要

　「顧客層拡大戦略」とは，同じ業界にありながらも顧客層が異なる企業を買収する戦略をいう。M&Aによって新たな顧客層を獲得することは，新たな市場セグメントへ参入することを意味する。例えば，富裕層向けと大衆向け，男性向けと女性向け，若年層向けとシニア向けなど，ターゲットとする顧客層に応じて異なるノウハウが求められるB2Cビジネスでは，このような戦略が採用されることが多い。

164　第2編　M&A戦略の15類型

同じ業界であっても，顧客層が異なると，ビジネスのやり方やカルチャーも大きく異なることが多い。例えば，富裕層向けのビジネスと大衆向けのビジネスでは商品の品質やラインナップはもちろん，広告，店舗，接客サービスなど，ビジネスのあらゆる面で違いが大きく，またそれらは従業員の価値観や思考・行動様式にも結び付くため，双方の企業文化は大きく異なることは想像に難くない。

こうしたことから，この類型の買収では，PMI（買収後の経営統合）に非常に苦労するケースも多いので，留意が必要である。

### (2)　消費者市場のセグメンテーション基準

消費者市場のセグメンテーションは，大きくは消費者特性（地理的，人口統計的，心理的特性）と製品への消費者の反応（行動的特性）の2つに大別できる（図表7－24）[15]。

地理的セグメンテーションは，地域，都市，人口密度，気候などに分けられ，その地方の特性に合わせたマーケティング活動の基礎となる。

人口統計的セグメンテーションは，年齢，性別，家族数，家族ライフサイクル，所得，職業等に分かれる。これらは最も一般的な変数である。なぜなら，消費者の嗜好や使用頻度は人口統計的変数と密接に関連しており，またこれらの変数は測定しやすいためである。実際は，ほとんどの企業は複数の人口統計的変数（例えば，年齢と所得）を用いてセグメンテーションを行っている。

心理的セグメンテーションは，ライフスタイル，性格などに分かれる。人口統計的には同一グループに属する人々も，心理的変数によると相当異なったプロフィールに分かれる。ライフスタイルは，個人の活動，関心，意見において表現された生活のパターンであり，個人がどのように生活し活動するかの全体像を素描するものである[16]。一般に，化粧品，酒類，家具などのメーカーでは

---

15　フィリップ・コトラー著，小坂恕ほか訳『マーケティング・マネジメント（第7版）』（プレジデント社，1996）226頁以下。

16　コトラー・前掲注（15）139頁。

第 7 章　市場開拓型M&A戦略　　165

【図表 7 −24】消費者市場の主要セグメンテーション変数

| 変数 | 典型的な区分 |
|---|---|
| 地理的変数 | 地域，郡，都市規模，人口密度，気候 |
| 人口統計的変数 | 年齢，性別，家族数<br>家族ライフサイクル（若年独身，高年既婚子供あり等）<br>所得，職業，学歴，宗教，人種，国籍，社会階層 |
| 心理的変数 | ライフスタイル，性格 |
| 行動的変数 | 購買契機（定期的な契機，特別な契機）<br>追求便益（品質，サービス，経済性）<br>使用者状態（非使用者，旧使用者，定期的使用者等）<br>使用頻度，ロイヤリティ<br>購買準備段階（無知，興味あり，購買意志あり等）<br>製品への態度（肯定的，否定的，どちらでもない等） |

出所：フィリップ・コトラー著，小坂恕ほか訳『マーケティング・マネジメント（第 7 版）』（プレジ
　　　デント社，1996），フィリップ・コトラー＝ケビン・レーン・ケラー著『マーケティング・マネジ
　　　メント基本編（第 3 版）』（丸善出版，2014）をもとに作成

ライフスタイル・セグメンテーションを重視し，各ライフスタイル・グループ
向けに新製品開発を行っている。

　行動的セグメンテーションは，製品やその属性に対する知識や態度，使用状
況，反応などをベースに，顧客を異なるグループに分けるもので，変数として
は，購買契機，追求便益，使用者状態，使用頻度，ロイヤリティなどに分かれ
る。一般に，これらの行動的変数も非常に重視されている。

　M&Aにおいて顧客層拡大戦略を採用する際は，自社の得意とする市場セグ
メントを明確にした上で，市場環境や成長性などから，今後注力したセグメン
トを定義し，ターゲット企業を探索することになる。

166　第２編　M&A戦略の15類型

### 事例22　苦戦するGMSの救世主なるか〜ドン・キホーテ

　ディスカウントストア大手のドンキホーテホールディングス（ドンキHD（現パン・パシフィック・インターナショナルホールディングス））は，創業以来29期連続増益増収を達成し，2018年６月期には売上高9,415億円となり，GMS業界３位のユニー・ファミリーマートホールディングス（ユニー・ファミマHD）の売上高１兆2,753億円に次ぐ規模にまで成長した。同社は，2007年に経営難に陥った長崎屋を買収し，長崎屋の既存店舗を基盤に「MEGAドン・キホーテ」の出店を加速させ，再生させた実績を持つ。

　2017年８月，同社とユニー・ファミマHDは，資本業務提携を発表した。この提携は，顧客の７割がシニア層であるユニーに対して，若者やファミリー層からの支持が高いドン・キホーテの強みを生かし，ユニーのGMS事業の再生を目指したものであった。

　この提携に基づき，2018年２月から３月にかけて，旧ピアゴと旧アピタをフルラインディスカウンターへと業態転換した「MEGAドン・キホーテUNY」を６店舗リニューアルオープンさせた。その後３月から８月の６か月間において，６店舗合計で客数は1.6倍，売上は1.9倍と，大幅な伸びを記録し，上々の滑り出しを見せた（図表７−25）。

　この成果を受け，両社はさらに踏み込んだ資本提携について協議し，2018年10月，ドンキHDがユニーを完全子会社化することとユニー・ファミマHDがドンキHDの株式最大20.17％を取得し持分法適用会社化することが発表された。これにより，イオン，セブン＆アイに次ぐ国内流通の第三極が形成された。

　Eコマース企業の攻勢もあり，GMS各社は苦戦を強いられている。そうした中，ユニー・ファミマ・ドンキ連合の誕生は，新たな小売業態開発の挑戦ともいえる。単にお互いが得意とする顧客層の足し算（シニア層＋若者・ファミリー層），あるいは取扱商品の足し算（生鮮食品＋非生鮮食品）ではなく，ユニーの強みとする生鮮食品のマーチャンダイジング（MD），ドミナント展開された狭商圏ノウハウと，ドンキの強みとする若年層を含めた幅広い客層から

第7章 市場開拓型M&A戦略 167

の支持，アミューズメント性の強い時間消費型の店舗展開，ナイトマーケットやインバウンド市場への対応等のノウハウを掛け合わせることで，ポストGMS業態の確立を目指すものである。ネットに負けないリアル店舗の新たなモデルづくりに成功すれば，GMSの業態転換は業界全体を巻き込んだ大きな流れとなる可能性を秘めている。

【図表7－25】MEGAドン・キホーテUNYに業態転換した6店舗の改善効果

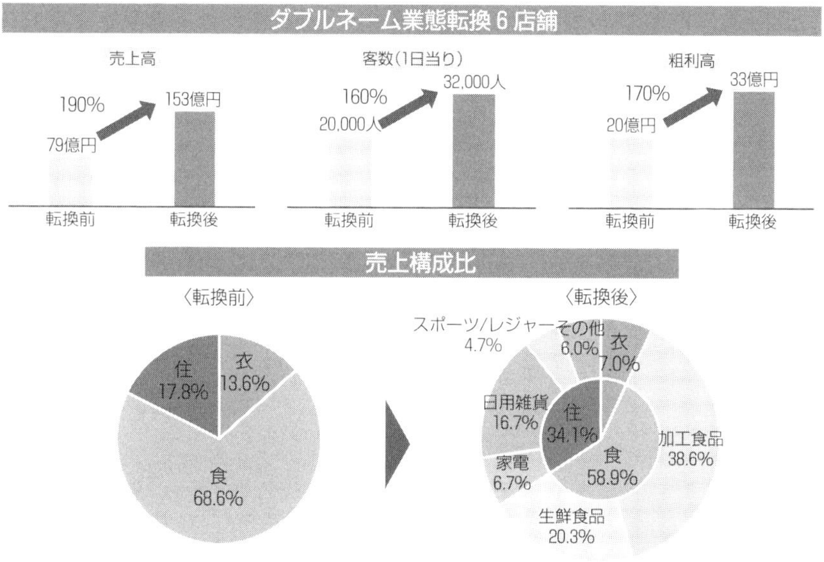

**ダブルネーム業態転換6店舗**

売上高
190% → 153億円
79億円
転換前　転換後

客数（1日当り）
160% → 32,000人
20,000人
転換前　転換後

粗利高
170% → 33億円
20億円
転換前　転換後

**売上構成比**

〈転換前〉
住 17.8%
衣 13.6%
食 68.6%

〈転換後〉
スポーツ/レジャー 4.7%
その他 6.0%
衣 7.0%
日用雑貨 16.7%
住 34.1%
加工食品 38.6%
家電 6.7%
食 58.9%
生鮮食品 20.3%

出所：同社2019年6月期第一四半期決算説明資料より作成

168　第2編　M&A戦略の15類型

# 第8章　垂直統合型M&A戦略

## 1．M&A戦略⑪　垂直統合戦略

### (1)　概要

　「垂直統合戦略」とは，川上もしくは川下企業を買収する戦略をいう。サプライチェーンを統合していくことで，QCD（品質・コスト・納期）を向上させ競争力を高めることが狙いである。

　垂直統合には，2種類ある。川上への進出を後方統合といい，川下への進出を前方統合という。

　後方統合の例としては，アパレルのSPA（製造小売業）による製造協力会社の買収が挙げられる。また，電子機器メーカーが自社製品のキーコンポーネントを内製化するために，仕入先である部品メーカーを買収するケースも一例である。

　前方統合の例としては，卸売業による小売業の買収や食品メーカーによる外食企業の買収などが挙げられる。

### (2)　垂直統合戦略における留意点

　垂直統合は相応のリスクを伴う。戦略上の意思決定に際しては，垂直統合によるメリットとリスクを十分に検討することが重要である。垂直統合によるメリットとリスクには，以下のような事項が挙げられる[1]。

---

1　デービッド・アーカー著，野中郁次郎ほか訳『戦略市場経営』（ダイヤモンド社，1986）。

第8章　垂直統合型M&A戦略　　169

【図表8－1】垂直統合型M&Aの類型

| 戦略類型 | 概要 | 事例 |
|---|---|---|
| ⑪ 垂直統合戦略 | ■ サプライヤーの買収（後方統合）<br>■ 販売先の買収（前方統合）<br>■ サプライチェーンを統合していくことで，QCD（品質・コスト・納期）を向上させ競争力を高めることが狙い | ✓ 製造業におけるキーコンポーネント企業の買収<br>✓ アパレルメーカー・卸売業によるアパレル小売の買収<br>✓ 食品メーカーによる外食企業の買収（前方統合）<br>✓ 食品メーカーによる水産・畜産業の買収（後方統合） |

## ① 垂直統合によるメリット

### ■オペレーション上の経済性

　開発，生産，調達，販売といった各活動において，規模の経済性が得られて経営が効率化することが考えられる。情報収集の面においても経済性が期待できる。例えば，供給業者によるユーザーの新製品開発の情報は，その業界の動向を予測するには貴重な情報となるが，そうした情報収集は大幅に効率化される。また，従来は別々の会社間での契約では，様々な取引コストがかかっていたものが，同じ企業グループに属することで，取引コストを削減することもできる。

### ■供給あるいは需要へのアクセス

　キーとなる成功要因が原材料や部品等の生産資材へのアクセスにある場合，後方統合によってこれらが高価格でしか利用できない，あるいはまったく利用できないといったリスクを低下させることができる。逆に，前方統合により自社の販路となる顧客を買収することで，販路を失うあるいは利益を圧搾されるリスクを低下させることができる。

### ■供給あるいは需要のコントロール

　製品あるいはサービスの品質をコントロールするために，垂直統合が有効となる。前方統合により，ブランド価値を維持するために，ラグジュアリーブランドが直営店での販路に限定することや，後方統合によりキーコンポーネントの品質を確保するといった動機がある。

### ■利益のあがる事業領域への参入

川上あるいは川下の高いマージンを取り込むことが，垂直統合の動機となることもある。マージンの低い卸売業にとっては，メーカーや小売業の利益率は魅力的に映るかもしれない。

### ■技術革新の能力増大

垂直統合したメーカーは，技術革新を有利に進められる可能性がある。協力会社との間で行われていた共同開発も，いくら長期的な関係があろうと，自由な情報交換には限界がある。組織が一体化することで，よりスピーディーな開発が可能となるほか，規模が大きくなることで開発予算も大きくなるかもしれない。

## ②　垂直統合によるリスク

### ■オペレーティングコストの増大

性質の異なる事業を取り込むことによって，マネジメント・システムが複雑化し，管理コストが上昇するおそれがある。供給サイドには，外部取引のようなコスト・コントロールへのインセンティブが働きにくくなり，かえってコストが上昇するおそれがある。

### ■異質事業のマネジメント力低下

垂直統合は，市場環境への適応や自社の経営資源の活用など，異質な事業をマネジメントする能力が問われることとなる。統合した側に，そうしたマネジメント能力が欠如している場合，統合した事業の運営がうまくいかずに競争力が低下するリスクがある。

### ■１つの事業へコミットメントすることのリスク

リスクを減らす古典的な方法は事業を分散させることであるが，特定の市場に結び付いた事業への投資を増大させることは，その市場が下降に向かった際のリスクを高めることになる。また，統合により撤退障壁が高くなるおそれもある。

第8章　垂直統合型M&A戦略　171

■柔軟性の低下

　垂直統合をした場合，ある会社が社内供給者あるいは社内顧客になることを意味する。技術の変化により供給業者を変更することが必要になった場合や，顧客の嗜好が変わり流通チャネルを変更することが必要になった場合には，そうした戦略上の柔軟性が失われるおそれがある。

### 事例23　食肉の垂直統合モデルで急成長〜エスフーズ

　「こてっちゃん」で有名なエスフーズは，2005年3月のムラチクとの合併を機に，「総合食肉企業としてバラエティーミート世界一，食肉日本一」を目指し，積極的な垂直統合型のM&Aを展開している。その成長性は著しく，ムラチク買収前の同社の売上高は502億円（2004年2月期）であったものが，2018年2月期には3,164億円と，6倍強の成長を遂げている。このような急速な成長にもかかわらず，営業利益率は概ね3.5％前後を維持している点も評価できる（図表8-2）。

　同社の前身「スタミナ食品」は1967年に設立され，当時は一般に利用されていなかった内臓肉の商品を武器に業容を拡大し，2000年8月に東証・大証一部に上場した。

　しかし，2003年12月に発生したBSE（牛海綿状脳症）問題の影響で，主力製品であった「こてっちゃん」が2004年5月に生産休止に追い込まれる事態となった。同社はこれを機に，収益源の多角化を目指したM&Aを推進するようになった（図表8-3）[2]。

　川上である食肉製造・卸分野においては，丸紅畜産からオーストラリアの牛製品の商圏を譲り受けたほか，米AURORA PACKINGの買収により高品位の米国産牛のルートを獲得。また，ヒョウチク，九州相模ハム，ホクリョウの買

---

2　MARR Online「エスフーズ 〜 M&Aにより川上から川下まで垂直統合のビジネスモデルで成長を加速〜」（2018年9月19日）https://www.marr.jp/genre/study/datafile/entry/10768

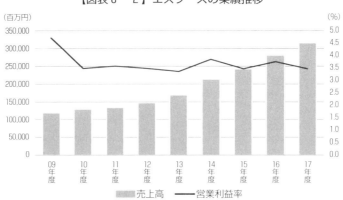

【図表8-2】エスフーズの業績推移

出所：SPEEDAをもとに作成

収により，輸入卸事業の強化や九州・中国・北海道地方の販売力を強化した。さらに，北海道中央牧場の買収により養豚事業へ参入したほか，内外食品，日鶏食産の買収により鶏肉事業も拡大するなど，牛だけに頼らない商材の拡大にも積極的に取り組んでいる。

川中である食肉加工分野においては，2014年1月にグリコハム（現フードリエ）を買収。その後，フードリエに食肉加工事業を集約するグループ再編を実行し，ハム・ソーセージ事業を強化している。

川下である小売・外食分野においては，2005年8月にジャスダック上場のオーエムツーネットワークをTOBにより連結子会社化し，食肉小売事業を強化。その後，焼肉の牛太の買収により外食産業に参入した。さらに，2010年には「いきなり！ステーキ」を展開するペッパーフードサービスにも資本参加している。

なお，食肉業界首位の日本ハムは，「バーティカル・インテグレーション・システム」と称して，牛・豚・鶏肉分野で，生産飼育，処理・加工，物流，販売までの一貫体制をグローバルに構築しており，食肉業界での垂直統合モデルにおいては一日の長がある。エスフーズが「食肉日本一」を実現するには，さらなるM&Aの積み重ねが必要となろう。

第8章　垂直統合型M&A戦略　　173

## 【図表8-3】エスフーズによる主なM&A

| 年月 | 買収対象会社 | 事業内容 | 形態 | 区分 |
|---|---|---|---|---|
| 2004年3月 | 丸紅畜産 | 豪の牛製品商圏 | 事業譲渡 | 川上 |
| 2004年9月 | ムラチク | 食肉製造販売，加工，卸売 | 買収 | 川上 |
| 2005年8月 | オーエムツーネットワーク | 食肉等小売業 | 買収 | 川下 |
| 2007年3月 | 焼肉の牛太 | 焼肉チェーン店等経営 | 買収 | 川下 |
| 2008年10月 | ヒョウチク | 食肉卸 | 買収 | 川上 |
| 2009年3月 | 九州相模ハム | 食肉加工・販売 | 買収 | 川上 |
| 2010年4月 | 北海道中央牧場 | 豚の繁殖農場，肥育専門の預託農場 | 買収 | 川上 |
| 2010年8月 | ペッパーフードサービス | レストラン事業 | 資本参加 | 川下 |
| 2014年1月 | グリコハム | ハム・ソーセージ，チルド食品等製造販売 | 買収 | 川中 |
| 2015年12月 | Aurora Packing Company,Inc.（米国） | 食肉加工販売 | 買収 | 川上 |
| 2016年3月 | デリフレッシュフーズ | ハム・ソーセージ等製造販売 | 買収 | 川中 |
| 2016年8月 | 内外食品 | 養鶏飼育農場経営，食鶏肉加工・販売，加工食品製造・販売 | 買収 | 川上 |
| 2017年3月 | コックフーズ | 鴨肉等の原料，加工品製造販売 | 買収 | 川上 |
| 2018年4月 | ホクリヨウ | 北海道5支店での畜肉等販売事業 | 事業譲渡 | 川上 |
| 2018年4月 | 日鶏食産 | 種鶏飼育，ヒナ生産，ブロイラー飼育加工，販売 | 買収 | 川上 |
| 2018年5月 | 神内ファーム21 | 黒毛・赤毛和牛，マンゴー生産 | 買収 | 川上 |

出所：MARR，同社公表資料・有価証券報告書より作成

174　第2編　M&A戦略の15類型

> **事例24**　ユニクロをモデルに食のプラットフォーマーを目指す
> 　　　　　〜神明ホールディング

　米穀卸最大手の神明ホールディング（非上場）は，コメだけではなく食に関する流通の川上，川中，川下を垂直統合して，自前のサプライチェーンを構築することで，「食のプラットフォーマー」になることを目指している。同社の藤尾益雄社長によれば，「ユニクロのSPA（製造小売り）モデルを参考にしている」という[3]。

　神明の祖業であるコメ卸を川中とすると，川上は食品製造・加工や農業であり，川下は，回転ずし，居酒屋，定食屋，おにぎり店，食材宅配などの外食・中食事業が該当する。さらにコメに限らず，青果卸や水産卸も買収するなど，これまでに19件ものM&A・資本業務提携を実行している（2018年11月末時点）。

　同社をM&Aに駆り立てているのは，藤尾社長の強い危機感である。藤尾社長は2007年に創業家4代目の社長に就任したが，その2年後に急性骨髄性白血病と診断され，人生の残された時間を強く意識したという。もともと，日本人1人当たりのコメの消費量はピーク時の半分以下となり，コメ卸としてはコメの消費を拡大しないと生き残れないとの危機感は強かった。体調が回復すると，コメの消費量が大きい回転ずしに着目し，2012年に元気寿司と資本業務提携を結ぶ。その後も急ピッチでM&Aや資本業務提携に取り組んでいる。

　「食のプラットフォーマー」というコンセプトは，事業領域が広すぎて戦略上の危うさを感じさせるが，同社は買収一辺倒ではなく，マイノリティ出資や出資を伴わない業務提携も多用している点はリスクヘッジとなっている。例えば，変化の激しい外食産業に対しては，主戦場と捉える回転ずし以外はマイノリティ出資での資本業務提携としている（図表8−4）。

　一方で，同社は売上高を4,000億円規模に増やして2021年をめどに上場することを目指しているが，さらに創業150周年（2052年）までには1兆円を目指

---

3　日経ビジネス2018年2月12日号。

第8章　垂直統合型M&A戦略　175

【図表8－4】神明ホールディングによるM&A・資本業務提携

| 時期 | 社名 | 事業内容 | 売上高<br>（百万円） | 出資比率 |
|---|---|---|---|---|
| 2012年 | 元気寿司 | 回転ずし | 23,216 | 28.37% |
| | →2015年に40.77%取得し子会社化 | | 29,363 | 40.77% |
| 2013年 | カッパ・クリエイトホールディングス | 回転ずし | 94,143 | 26.49% |
| | →2014年に全株式を売却 | | 93,367 | 0.00% |
| 2015年 | コメックス | 米飯加工 | 3,257 | 85.00% |
| 2016年 | ワタミ | 外食 | 155,310 | 4.19% |
| 2016年 | アスラポート・ダイニング | 外食 | 11,167 | 10.00% |
| 2016年 | イーグルデリカ | パン製造 | 3,673 | 100.00% |
| 2016年 | 鯖や | 外食 | 非公開 | 10.00% |
| 2017年 | 東果大阪 | 青果卸 | 42,417 | 100.00% |
| 2017年 | 神戸まるかん | 水産加工 | 3,125 | 88.00% |
| 2017年 | ナチュラルアート | 農業コンサル | 217 | 非公開 |
| 2017年 | Tokyo Onigiri Labo | 外食 | 非公開 | 9.09% |
| 2017年 | ゴダック | 水産卸 | 6,053 | 非公開 |
| 2017年 | ショクブン | 食材宅配 | 8,791 | 16.02% |
| 2017年 | 北都高速運輸倉庫 | 物流業 | 3,464 | 33.40% |
| 2017年 | 雪国まいたけ | きのこ生産 | 約30,000 | 49.00% |
| 2017年 | スシローグローバルホールディングス | 回転ずし | 147,702 | 32.72% |
| 2017年 | 埼玉県中央青果 | 青果卸 | 非公開 | 61.29% |
| 2018年 | カネス製麺 | 乾麺製造 | 2,270 | 50.10% |
| 2018年 | 成田市場青果 | 青果卸 | 890 | 70.00% |

出所：同社公表資料や報道資料より作成

すという目標も持つ。この野心的な目標は、「シリアルM&Aの罠」と背中合わせである。また、2018年3月期は前年度、前々年度と比べると、営業利益率が大幅に低下している点も注意が必要である（図表8－5）。成長戦略に邁進するばかりでなく、拡大するグループ企業間のシナジー効果の着実な実現とガバナンス強化も重要な課題となろう。

【図表8-5】神明ホールディングの業績推移

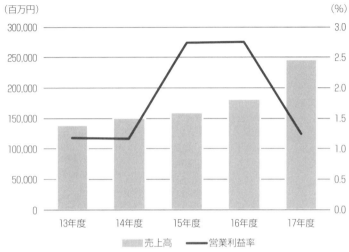

出所:同社公表資料をもとに作成

# 第9章 多角化型M&A戦略

　多角化戦略とは，新規の製品を用いて新規の市場を開拓していく戦略である。多角化戦略は，さらに関連多角化と非関連多角化に分類される。関連多角化は，新事業領域がコア事業と意味のある共通性を持つものをいい[1]，非関連多角化

【図表9-1】多角化型M&A戦略

| 戦略類型 | 概要 | 事例 |
|---|---|---|
| ⑫ 事業ポートフォリオ転換戦略 | ■ 複数事業を抱える企業がM&Aにより事業構造を転換する戦略<br>■ コア事業が成熟化を迎え，新たな成長エンジンを模索する企業において有効 | ✓ 重電： GE，東芝，日立製作所<br>✓ PC・電機： IBM，富士通，ソニー<br>✓ その他： アルコニックス，日清紡HD |
| ⑬ コングロマリット戦略 | ■ 一定のコンセプトのもと，M&Aにより多角化した企業グループを形成する戦略<br>■ 地域に根差した企業，本業の衰退に直面する企業，新興企業が同戦略を打ち出す例が多い | ✓ エネルギー： エア・ウォーター，TOKAIHD<br>✓ 交通： 両備HD，遠州鉄道<br>✓ 小売・サービス： RIZAPグループ |
| ⑭ プラットフォーム戦略 | ■ ①M&Aにより業界のプラットフォーマーとしてのポジションを獲得・強化する戦略と，②自社をM&Aのプラットフォームと位置づけ，ロールアップ型のM&Aを行う戦略がある | ✓ IT・情報： 楽天，リクルート，アマゾン<br>✓ 食品： ヨシムラ・フードHD<br>✓ 交通： 経営共創基盤（地方バス） |
| ⑮ マルチアライアンス戦略 | ■ 複数企業と広範囲に戦略的提携を行っていく戦略<br>■ 他企業との提携によりオープンイノベーションを推進する狙い<br>■ 主な手法：業務提携，資本・業務提携，JV設立 | ✓ 自動車： トヨタ自動車<br>✓ IT・情報： ソフトバンク（群戦略） |

178 第2編 M&A戦略の15類型

はそれ以外のものをいう。

多角化型のM&A戦略には,「事業ポートフォリオ転換戦略」,「コングロマリット戦略」,「プラットフォーム戦略」,「マルチアライアンス戦略」がある。

近年,既存事業の市場の伸び悩みに対応し,M&Aを活用した事業の多角化を志向する企業が増えている。上場企業を対象にしたあるサーベイ調査[2]では,多角化経営の手段としてM&Aは重要であるとした企業は70%にも及び,経営者には多角化M&Aのニーズが高いことがうかがえる。しかし,一般には経営上は「選択と集中」が大事であるとされ,また,多角化した企業はコングロマリット・ディスカウントが生じているといった指摘もあり,多角化経営の是非は分かれるところである。そこで,本章ではまず多角化の是非について整理しておく。

## 1. 多角化経営の是非

### (1) 多角化とコングロマリット・ディスカウント

経営の基本は,「選択と集中」であるとよくいわれる。業績不振に喘ぐ多角化企業がノンコア事業を売却することは,企業再生の王道である。確かに,競争優位のある事業分野に経営資源を集中して収益力を高めることは合理的な経営判断であり,疑いの余地はない。

また,資本市場では,「コングロマリット・ディスカウント(多角化ディスカウント)」という現象もよく知られている。これは,単一事業の専業企業に比較して多角化企業の市場株価はディスカウントされている現象を指し,多くの研究者によってその存在は実証されている。日本では,牛島[2015][3]によっ

---

1 デービッド・アーカー著,今枝昌宏訳『戦略立案ハンドブック』(東洋経済新報社,2002) 317頁。

2 花枝英樹＝胥鵬＝鈴木健嗣「日本企業のM&A戦略―サーベイ調査による分析」現代ファイナンス28号。

3 牛島辰男「多角化ディスカウントと企業ガバナンス」フィナンシャル・レビュー121号 69～90頁。

て，日本の多角化企業においても専業企業に比べ6〜7％の多角化ディスカウントが存在することが明らかにされている。

　では，果たして多角化は「悪」なのだろうか。最近の研究では，必ずしも多角化企業の株価がディスカウントされているわけではないとの研究結果も報告されている。池田＝井上［2015］[4]によれば，多角化企業でも，M&Aや事業売却を行っている企業の時価売上高倍率とPBR（株価純資産倍率）は，そうした行動を取っていない多角化企業と比べて統計上有意に高く，また専業に比較しても株価がディスカウントされていないことが確認されている。つまり，多角化企業の中でも，M&Aや事業売却といった困難を伴う戦略行動を起こしていない企業こそが多角化ディスカウントを受けていると解釈できる。

　また，米国の研究では，多角化M&Aは買い手企業の株価がマイナスとなる傾向にあるが，前述の池田＝井上［2015］によれば，日本では買い手企業の株価は統計上有意にプラスである。加えて，米国では成長機会の限られた成熟企業が多角化している傾向がある一方，日本では成長企業が戦略の一環として積極的に多角化M&Aを行っていることも統計上明らかにされている。

## (2)　多角化の動機と正当性

　企業が自ら多角化しなくとも，投資家自身が異なる業種の企業の株式を保有することで，投資家は複数事業のポートフォリオを構築することができる。企業が多角化した事業を管理するために多大なコストがかかることに比べれば，投資家が株式ポートフォリオを組むことはほとんどコストがかからない。多角化ディスカウントのみならず，こうしたことからも，投資家にとって，企業が多角化することの経済合理性はないと考えられている。

　一般に，多角化の動機には，図表9−2のような点が挙げられる。これらのうち，「事業運営上の範囲の経済性」が最も事業と関連した動機といえる。範囲の経済性とは，複数の事業を展開しながらも，経営資源を共有化することで

---

4　池田直史＝井上光太郎「『選択と集中』の経営の課題—『多角化M&Aパズル』の検証」
　証券アナリストジャーナル2015年10月号。

180　第2編　M&A戦略の15類型

**【図表9－2】 多角化の動機**

| 多角化の動機 | 項目 | 内容 | 関連多角化 | 非関連多角化 |
|---|---|---|---|---|
| 事業運営上の範囲の経済性 | 活動の共有 | 研究開発，生産，物流，マーケティング，販売等の事業活動上のシナジー | ○ | |
| | コア・コンピタンスの共有 | 競争優位なコア・コンピタンスの複数事業への展開 | ○ | |
| 財務上の範囲の経済性 | 内部資本配分 | 事業によっては外部資本市場からよりも有利な資本調達が可能 | ○ | |
| | リスク分散 | 複数事業を営むことによるリスク分散効果 | ○ | ○ |
| | 税効果 | ある事業の損失と別の事業の利益を相殺することによる税負担の軽減 | ○ | ○ |
| 反競争的な範囲の経済性 | 多地点競争による相互抑制 | 複数の多角化企業が，お互いに競争的行動を慎む相互抑制の促進 | ○ | |
| | 市場支配力の活用 | 特定事業で高い市場支配力を有する場合，そこで得た利益を他の事業につぎ込んで競合他社を廃業に追い込む（略奪的価格戦略） | ○ | ○ |
| 経営者のインセンティブ | 経営者の報酬の最大化 | 企業規模の拡大に伴い経営者の報酬を増大させる | ○ | ○ |

出所：ジェイ・バーニー著，岡田正大訳『企業戦略論（下）』（ダイヤモンド社，2003）をもとに作成

全体の経営効率が高まることを指す。その点，非関連多角化は，範囲の経済性が期待できないことから，事業の投資効率を重視する投資家の理解を得ることは難しい。逆にいえば，投資家からすると，企業の多角化が正当化されるのは，投資家自身では実現できないような範囲の経済性を企業が実現できる場合に限られるといえる。

　一方，銀行や役員・従業員といった長期的なステークホルダーの立場からすると，多角化によるリスク分散も，多角化の重要な動機である。債権者としての銀行は，融資先が倒産して債権を回収できなくなることが最も避けるべき事態であり，その点から銀行は企業の多角化を容認もしくは支援してきた面があったと考えられる。このことは，バンクガバナンスに依拠してきた日本の大

企業の多くがコングロマリット化した要因の1つといえる。

　なお，多角化による財務リスクの軽減効果は，実証研究でもその存在が明らかとされている。多角化した企業は，一部の事業で債務の返済に必要なキャッシュフローが不足したとしても，他の事業のキャッシュフローでその不足分をカバーすることができる。これにより，企業全体としての破綻確率が低下することをコインシュランス効果と呼ぶ[5]。このため，多角化はコインシュランス効果により企業の最適レバレッジを高めるとともに，最適な流動性保有レベルを低める効果を持つと考えられている。この点につき，牛島［2017］は日本の多角化企業は専業企業に比べて有意に高いレバレッジを持つ一方で，流動性保有レベルは低いことを実証した[6]。このことは，多角化企業において，過度な余剰現金を保有することによるエージェンシー問題[7]が生じているとはいえないことを意味している。負債の積極利用と現金保有の抑制を通じた株主資本の有効活用という観点から，多角化企業の財務政策は専業企業のそれよりも効率的であるといえる[8]。

　このように，多角化の動機の正当性は，立場によって異なる。非上場企業であれば，株価の上昇を意識する株主は通常はほとんどおらず，大株主と経営者が一体であることも多いことから，リスク分散の観点から多角化を志向することは合理的なケースも多いであろう。一方，上場企業の場合は，投資家の立場を尊重することが求められることから，企業が多角化を推進する際には，財務的な健全性を保ちつつ，その動機が正当なものであるかどうか，特に範囲の経済性の実現可能性について冷静に検討することが求められる。

---

5　Lewellen, W. G.（1971）"A Pure Financial Rationale for the Conglomerate Merger", Journal of finance, Vol 26, pp 521-537.

6　「日本企業の多角化と財務政策」宮島英昭編著『企業統治と成長戦略』（東洋経済新報社，2017）281～302頁〔牛島辰男〕。

7　エージェンシー問題とは，企業の所有者である株主と株主から経営を委任されている経営者の利害が一致しないことにより，経営上非効率な状態が生まれることをいう。例えば，経営者が私的便益を追求するため，過度な余剰現金を保有するといったことが考えられる。

8　宮島編著・前掲注（6）300頁〔牛島〕。

## 2．M&A戦略⑫　事業ポートフォリオ転換戦略

### ⑴　概要

　「事業ポートフォリオ転換戦略」とは，複数事業を抱える企業が，事業の売却と買収を組み合わせて大胆に事業構成を組み替える戦略をいう。これまでグループの柱となっていた事業が成熟化を迎えており，新たな成長エンジンを模索する企業において有効である。複数の主要な製品群を有する電機業界，食品業界，化学業界などでよく見られる。グループ再編により持株会社制に移行し，M&Aを積極的に推進している例も多い。

### ⑵　事業ポートフォリオの転換に対する投資家の目線

　平成29年度の生命保険協会調査[9]によれば，投資家が資本効率の向上に向けて企業に期待する取組みとして，「事業の選択と集中（経営ビジョンに則した事業ポートフォリオの見直し・組換え）」との回答が最も多かった（図表9－3）。一方，同項目を重視する企業は少なく，企業が重視しているのは「製品・サービス競争力強化」「コスト削減の推進」であり，両者の認識には乖離がある。投資家は，企業に対して単なる既存事業の売上拡大やコスト削減だけでなく，現在の事業ポートフォリオが自社にとって本当に最適であるかという視点から，資本効率の向上を目指すことを求めている。

　そして，投資家は「選択と集中」を推し進める観点から企業に期待する取組みとして，「事業別の効率性・収益性分析」「事業ポートフォリオ組換えを判断する客観的基準の活用」を挙げている（図表9－4）。特に，日本企業のROEをさらに高めるための「事業別の効率性・収益性分析」への投資家の期待は高まっている。投資家が求める「選択と集中」とは，単に多角化を否定するものではなく，企業が各事業の収益性を把握し，客観的な基準に基づき事業ポート

---

9　「平成29年度生命保険協会調査　株式価値向上に向けた取り組みについて」http://www.seiho.or.jp/info/news/2018/pdf/20180420_3.pdf

フォリオの組換えを決定する経営を指すといえる。

【図表9－3】 資本効率向上に向けて重視している取組み（企業）・期待する取組み（投資家）

a．事業規模・シェアの拡大
b．製品・サービス競争力強化
c．コスト削減の推進
d．採算を重視した投資
e．事業の選択と集中（経営ビジョンに則した事業ポートフォリオの見直し・組換え）
f．収益・効率性指標を管理指標として展開（全社レベルでの浸透）
g．借入や株主還元を通じたレバレッジの拡大
h．特段なし
i．その他（具体的には　　　　　　　　　）

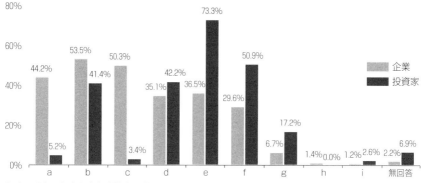

出所：平成29年度生命保険協会調査

【図表9－4】 投資家が期待する事業の選択と集中を推し進めるための取組み

a．事業別の効率性・収益性分析
b．事業ポートフォリオ組換えを判断する客観的基準の活用
c．社外取締役の活用による議論の活性化
d．投資家との対話による株主意見の把握
e．経営責任の明確化とインセンティブ付与
f．取締役会の監督機能強化
g．経営ビジョンの明確化
h．情報開示
i．その他

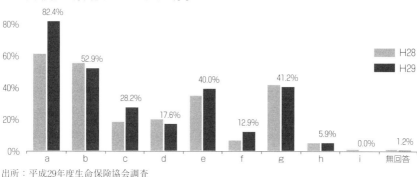

出所：平成29年度生命保険協会調査

### 事例25 商社機能と製造業の融合モデルを目指す～アルコニックス

非鉄商社のアルコニックスは，日商岩井の非鉄金属販売部門がその母体である。2009年以降，製造業のM&Aに乗り出し，これまでに6社の金属加工や装置材料分野の製造業と9社の商社流通業を買収している（2018年10月末時点）。2018年3月期には，同社の売上高の8割以上は商社流通部門によるものの，営業利益の7割近くは製造業が稼ぐほどに事業構造を転換しており，「商社機能と製造業を融合した非鉄金属の総合企業」とのビジョンの下，製造業を中心としたM&Aを積極的に推進している（図表9－5，図表9－6，図表9－7）。

製造業については，めっき用材料，溶接材料等の製造などの「装置材料」分野と，精密切削部品，精密研削部品，金属プレス部品等の開発・製造などの「金属加工」分野を中心に，ニッチ分野でトップレベルの技術力を持つ企業をターゲットとしている。

なお，2019年3月期からの3か年の中期計画では，M&Aを中心に250億円の投融資を計画し，投下資本利益率（ROIC）10％を目標としている。

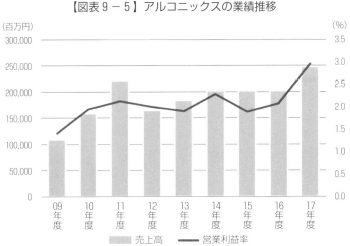

【図表9－5】アルコニックスの業績推移

出所：SPEEDAをもとに作成

【図表9－6】アルコニックスのセグメント別売上高（2018年3月期）

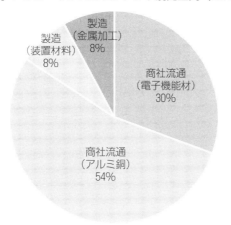

出所：SPEEDAをもとに作成

【図表9－7】アルコニックスのセグメント別営業利益（2018年3月期）

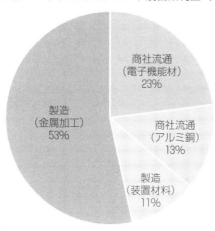

出所：SPEEDAをもとに作成

186　第2編　M&A戦略の15類型

> 事例26　成長戦略に基づき大胆な事業ポートフォリオの転換を実現
> ～日清紡ホールディングス

　日清紡ホールディングス（旧日清紡績）は，1907年に綿紡績専業メーカーとして創業し，現在は，「無線・エレクトロニクス」「オートモーティブ・機器」「素材・生活関連」「新エネルギー・スマート社会」の4つの分野を中心に多様な事業を展開する創業110年を超える老舗企業である（図表9-8）。

　「企業にとって最も大事なことは，変化し続ける社会ニーズに常に応えられるよう，継続的に変化していくことです」と村上雅洋副社長（当時）[10]はいう[11]。

　同社は，2000年代半ば，当時のグループの事業構造は社会が求めるものから乖離しているという反省から，社会や時代のニーズに適う成長領域として環境・エネルギー分野に狙いを定め，事業構造の転換に着手した。

　環境分野では，エネルギーの発電・蓄電・制御分野に焦点を当てたが，当時は次世代電池の研究や太陽光発電に関する事業，蓄電機能の研究を行っていたものの，制御に関するノウハウがなかった。そこで制御に関する電気の技術力を有する日本無線を2010年に買収した。

　ブレーキ事業では，2011年に欧州のTMD Friction GroupをM&Aで傘下に収め，摩擦材で世界トップクラスのグローバルサプライヤーに成長し，売上高比率も全体の3割を超える事業となった。このように，同社はあくまで成長事業領域を獲得することを目的にM&Aを実行している（図表9-9）。

　その結果，事業構造は大きく変貌し，現在では祖業である繊維事業の売上割合は1割程度となる一方，ブレーキとエレクトロニクスで7割程度を占めている（2017年度）（図表9-10）。

---

10　村上雅洋氏は2019年3月開催の定時株主総会を経て代表取締役社長に就任している。
11　同社ホームページ。https://www.nisshinbo.co.jp/ir/management/structure.html

第9章 多角化型M&A戦略　187

**【図表9－8】日清紡HDの業績推移**

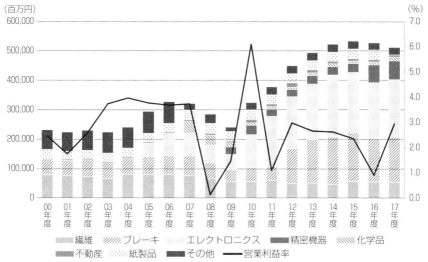

出所：SPEEDAをもとに作成

**【図表9－9】日清紡ホールディングスによる主なM&A**

| 年　月 | 買収対象会社 | 事業領域 |
|---|---|---|
| 2005年12月 | 新日本無線を連結子会社化 | エレクトロニクス |
| 2010年12月 | 日本無線・長野日本無線を連結子会社化 | エレクトロニクス |
| 2011年11月 | 自動車ブレーキ用摩擦材大手のTMD Frictionを完全子会社化 | ブレーキ |
| 2013年12月 | Alphatron Marineを連結子会社化 | エレクトロニクス |
| 2015年 5月 | 東京シャツを完全子会社化 | 繊維 |
| 10月 | 南部化成を完全子会社化 | 精密機器 |
| 2017年 4月 | 紙製品事業を大王製紙に譲渡 | 紙製品 |
| 10月 | 日本無線を完全子会社化 | エレクトロニクス |
| 2018年 3月 | リコー電子デバイスを連結子会社化 | エレクトロニクス |
| 4月 | ファウンデーションブレーキ事業を豊生ブレーキ工業へ譲渡 | ブレーキ |
| 9月 | 新日本無線を完全子会社化 | エレクトロニクス |

出所：同社公表資料より作成

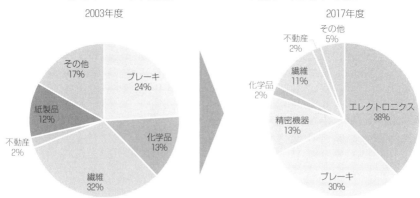

【図表9－10】日清紡HDのセグメント別売上高割合の変化

出所：SPEEDAをもとに作成

■日清紡ホールディングスのM&A流儀

　案件の発掘は，基本的に投資銀行等からの持ち込みには頼らず，自分たちで能動的にリサーチする体制を敷いている。具体的には，M&A案件はグループ各社では検討させずに，ホールディングスの経営戦略センターの中でリサーチする機能を保有している。

　事業の成長に必要な技術，市場，ターゲット企業をウォッチしながら，継続的に情報収集し，タイミングをみて直接アクションを起こす。あくまで友好的なM&Aを志向しており，普段からの付き合いが大事であるとして関係構築を図る。

　経営戦略センターは，M&Aの専門部署ではない。専門部署を設置しないのは，M&Aが目的化してしまうことを避けるためである。そのため，具体的な検討は，都度プロジェクトチームを立ち上げて対応している。プロジェクトチームのメンバーは日常業務を抱えていることもあり，常時複数案件を追いかけることはできず，せいぜい2件までだという[12]。チームメンバーは案件ごとに入れ替えていくことで，M&Aに関する知見を持つ人材が増加するというメ

---

12　MARR Online 2018年9月号287号「[対談]M&Aで大胆な事業の組み換えを実践する日清紡ホールディングス」。https://www.marr.jp/genre/talk/talk/entry/9920

リットもある。

　基本的にFA（フィナンシャル・アドバイザー）は起用せず，自分たちで案件を執行している。ただし，海外M&Aについては，日本からの直接交渉が困難なこともあり，FAを起用するという。案件の執行は，担当者任せにせず，トップ自らが交渉に入り，すべてを把握した上で判断することを重視している。

　M&Aにおいては，対象会社が同社の企業理念を共有できるかどうかを最も重視している（図表9-11）。互いの長所を伸ばし短所を克服していく過程において，目標に向かって直線的に進むためにも企業理念や価値観の共有は不可欠との考え方に基づく。同社は，M&Aを活用しつつ，多様性に富むイノベーティブな企業文化を構築し，「環境・エネルギーカンパニー」グループとして社会の持続的成長に貢献していくことを目指している。

**【図表9-11】日清紡グループのM&Aの考え方**

| 日清紡グループ | | M&Aの対象 |
|---|---|---|
| 日清紡グループ企業理念<br>（VALUE）<br>行動指針 | **Philosophy**<br>全従業員が共有すべき価値観 | 企業理念や価値観を共有しうる |
| 「環境・エネルギーカンパニー」<br>グループとして，持続可能な社会を支える | **Mission**<br>社会的な役割 | 「環境・エネルギー」軸に適っている |
| 安全・安心・防災・健康・<br>快適・利便・スマート | **Value**<br>社会に提供する価値 | 同様のValueを提供 |
| 戦略的事業領域<br>①無線・エレクトロニクス②オートモーティブ・機器<br>③素材・生活関連④新エネルギー・スマート社会 | **Domain**<br>どこで戦うのか？ | 戦略的事業領域に関わる事業 |
| ①既存事業の強化<br>②研究開発の成果発揮<br>③積極的M&Aの活用 | **Strategy**<br>どのように戦うのか？ | ・既存および周辺事業の拡大<br>・バリューチェーンの拡大<br>・新規成長分野への進出 |

出所：同社ウェブサイトをもとに作成

## 3. M&A戦略⑬　コングロマリット戦略

### (1) 概要

　コングロマリットとは，多業種の事業を営む企業をグループ化している企業体を指す。ここでの「コングロマリット戦略」とは，M&Aを活用して既存の製品や市場と関連性の薄い事業を営む企業を買収して新規事業への進出を果たし，事業を多角化していく戦略を意味する。

　従来，コングロマリットというと，日立製作所や東芝などの巨大企業グループがその代表であったが，近年は本業の衰退に危機感を感じている老舗企業や成長を貪欲に追求する新興企業がコングロマリット戦略を打ち出すケースが見られる。

　日立製作所に代表される従来型の巨大コングロマリットでは，MBO（マネジメント・バイアウト）や事業売却により，「選択と集中」の流れが加速している。その背景には，機関投資家やアクティビスト・ファンドなどの"物言う株主"からの圧力により，いわゆるコングロマリット・ディスカウントを解消する狙いがある。一般に，コングロマリットのような分散した事業構造は，経営の非効率化やグループ企業の甘えの体質等を招きやすい。そのため，このM&A戦略を起用する場合，通常のM&A以上に，範囲の経済性によるシナジー効果の実現に注力することが重要である。

　また，地方では，地元の交通やエネルギーなどのインフラ事業者を核とした「地域コングロマリット」を形成しているケースも多い。例えば，地域の鉄道やバス，タクシーなどの交通事業，都市ガスやLPガス，ガソリンスタンドなどのエネルギー事業，百貨店やスーパー，自動車ディーラーなどの小売業，トラック輸送などの物流事業，マンションや戸建て住宅，オフィスビル等の不動産事業，ホテルや遊園地，ゴルフ場等のレジャー事業など，地域に根差した事業を多角的に展開しているのが特徴である。

　こうした地域コングロマリットは，地域経済の発展など幅広い意味での地域

貢献という側面での存在意義は大きい。そのため，必ずしも利益成長を追求するばかりでなく，多角化による事業のリスク分散により安定的に事業を継続するという点を重視しているケースも多い。とはいえ，地域の人口減少とともに事業が衰退することも懸念され，グループ経営の高度化とグループシナジーの追求のほか，成長に向けた取組みも重要な課題となっている。その意味で，より地域社会に深く浸透すべく事業領域を拡大あるいは深掘りするためのM&A戦略といった方向性も考えられよう。

## (2) コングロマリットと株主アクティビズム

近年，アクティビスト・ファンドによる企業への要求活動が活発化している。株主アクティビズムとは，上場企業の株主が，自らの目的を実現するために，株主として発行会社に対して積極的に要求を行うことをいう[13]。

"物言う株主"というと，日本ではかつての村上ファンドやスティール・パートナーズなどが有名であるが，彼らの行動パターンとしては，キャッシュリッチな中堅企業の株式を買い集めた上で増配や自社株買いなどの短期的な株主リターンを攻撃的に要求する，といったイメージが強い。しかし，近年のアクティビスト・ファンドは，従来よりも穏健なアプローチを採用し，その提案内容もより"洗練"されてきている。例えば，2017年9月，著名な米アクティビスト・ファンドであるトライアン・ファンド・マネジメントは，P&Gに対し90頁にも及ぶホワイトペーパーを提示し，同社の経営課題に関する分析と解決策についてロジカルに提案している[14]。

こうしたアクティビスト・ファンドの提案に対して，スチュワードシップ・コードの開始もあり，日本でも議決権行使助言会社や機関投資家が合理的な提案であれば賛同するケースが増えている。

---

13　森・濱田松本法律事務所編『変わるM&A』（日本経済新聞出版社，2018）143頁。
14　このペーパーの冒頭で，提案の目的として企業の分割・売却やCEOの交代などを提案するものではないと宣言し，穏健な提案の体裁をとっている（図表9−12）。なお，P&Gへの委任状争奪戦の末，僅差でトライアン側が勝利し，トライアンCEOのネルソン・ペルツ氏はP&G取締役に就任した（日本経済新聞2017年11月16日）。

192 第2編 M&A戦略の15類型

【図表9－12】P&Gに対する提案目的

| What We Are NOT Recommending |
| --- |
| Trian's objective is to create sustainable long-term value at P&G.<br>Trian is:<br>■NOT advocating for the break-up of the Company<br>■NOT suggesting that the CEO be replaced<br>■NOT seeking to replace any Directors<br>■NOT advocating taking on excessive leverage<br>■NOT seeking to cut pension benefits<br>■NOT suggesting that research & development, marketing expense or capital expenditures be reduced<br>■NOT seeking cost cuts that could impact product quality<br>■NOT suggesting the Company move out of Cincinnati |
| If elected, Nelson's first action as a P&G Director would be to recommend that the Board reappoint the P&G nominee who was not re-elected |

出所：Trian Fund Management「REVITALIZE P&G TOGETHER」(September 6, 2017) をもとに
　　作成。


　近年，世界の主要アクティビスト・ファンドによる要求項目として最も多い
のは，M&A関連である（図表9－13）。これには，積極的に買収や事業売却
を促すものと，公表されたM&Aに対して反対もしくは条件変更を求めるもの
に大別される。特に，コングロマリット企業に対しては，コングロマリット・
ディスカウントの解消を目的に，ノンコア事業の分離売却を要求することが多
い。また，ノンコア事業の売却と合わせて，いくつかの中核事業を分社化し持
株会社制へ移行することを提案するケースもある[15]。そうしたケースでは，官
僚的で複雑な組織構造から，分権化されたシンプルな組織構造に転換すること
で，より効果的で素早い経営を促すものとなっている。

─────────────
15　前出のトライアン・パートナーズがP&Gに対して行った提案では，P&Gを純粋持株会
　社とした上で，その傘下に「Beauty, Grooming & Health Care」「Fabric & Home Care」
　「Baby, Feminine & Family Care」の3事業部門を分社化することを提案した。また，
　2018年7月のサード・ポイントによるネスレに対する提案では，明確に持株会社という
　ワードは使用していないものの，ネスレを「BEVERAGES」「NUTITION」「GROCERY」
　の3事業部門に分社し，それぞれの部門CEOを設置するとともに，全社CEOは全社戦略
　と資源配分に集中すべきとし，事実上，持株会社体制を提案している。

コングロマリット企業がアクティビストから攻撃を受けないためには，ノンコア事業とみなされるような自社の強みが活かしきれない事業にまで手を広げないことが重要である。その上で，グループ全体として，範囲の経済性が明確に効くような戦略の遂行が求められる。その点では，後述するプラットフォーム戦略は1つの選択肢となりうる。強力なプラットフォーム上に展開される事業は，その多様性を武器に顧客を囲い込むことができ，グループとしてのシナジー効果を発揮しやすい。

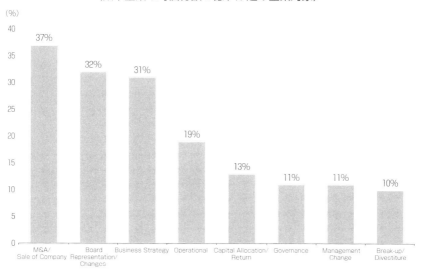

【図表9－13】アクティビストによるキャンペーンでの要求事項
（欧米企業の時価総額5億ドル超の企業対象）

出所：Lazard's Shareholders Advisory Group, 2017 Activism Year in Review

194　第2編　M&A戦略の15類型

### 事例27　俊敏な「ねずみの集団」～エア・ウォーター

　本業の衰退に危機感を抱きコングロマリット化を推進している老舗企業の例としては，エア・ウォーターが挙げられる。同社は，2000年に大同ほくさんと共同酸素が合併し誕生したが，合併前の各社は創業50～80年を超える老舗企業である。

　同社は，祖業の産業ガス市場の見通しに危機感を抱き，2000年代前半から成長分野・重点分野において積極的にM&Aを推進し始めた。これまでに買収した企業は150社以上といわれ，2000年度2,200億円であった売上高は，2017年度で7,500億円を超えた（図表9－14）。同社は，「産業ガス」「ケミカル」「医療，エネルギー」「農業・食品」「物流」「海水」「エアゾール」の8分野で多角化を推進している（図表9－15）。

　また，「ねずみの集団経営」というコンセプトを掲げていることも同社の特徴である。同社によれば，「ねずみの集団経営」とは，各事業部門やグループ企業が「ねずみ」のように環境変化に俊敏に対応し，柔軟に新分野・新事業を開拓する活力を持ち，こうした中堅企業群を育成し産み出し続けることで，持続的な企業成長を実現するという経営モデルを意味する。そのため，M&Aは上記8分野における中堅・中小企業にターゲットを絞っている。

　なお，過去10年間の株価上昇率は，概ね日経平均を上回る推移を描いている（図表9－16）。競合である工業ガス専業の大陽日酸との比較では，概ね優位に推移していたが，足元では大陽日酸のほうが高い上昇率を見せている。2019年1月時点のEV/EBITDA倍率はエア・ウォーターの約8倍に対し，大陽日酸は約10倍とエア・ウォーターは劣後している。同社にコングロマリット・ディスカウントが生じている可能性があり，より一層のシナジー効果が期待される。

第9章　多角化型M&A戦略　　195

【図表9−14】エア・ウォーターの業績推移

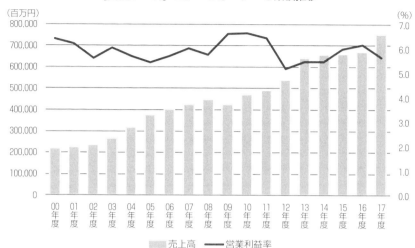

出所：SPEEDAをもとに作成

【図表9−15】エア・ウォーターのセグメント別売上高の推移

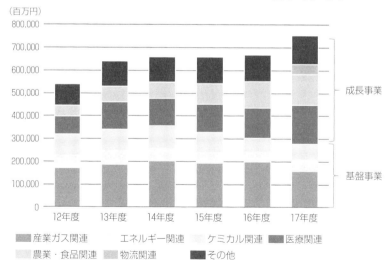

出所：同社アニュアルレポート2017，SPEEDAをもとに作成

【図表 9 −16】エア・ウォーターの株価推移

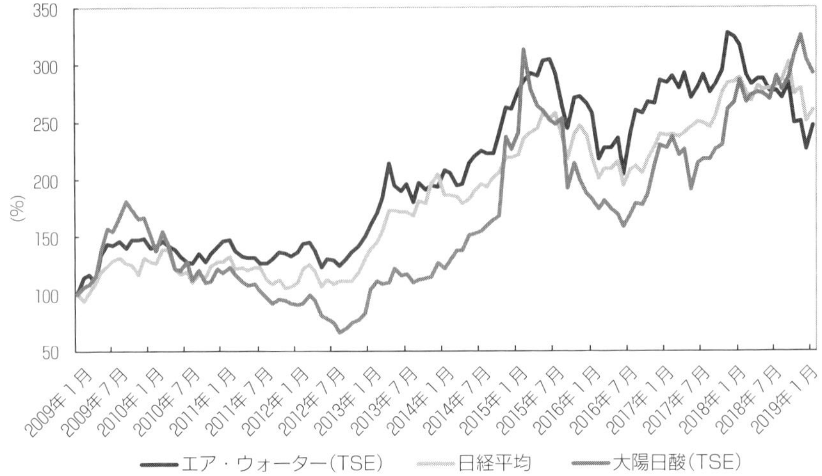

出所：SPEEDAをもとに作成

---

### 事例28 「人は変われる」を自ら証明できるか〜 RIZAPグループ

　近年の新興企業によるコングロマリット化の代表例としては，RIZAPグループが挙げられる。同社はビジョンとして「自己投資産業でグローバルNo. 1ブランドとなる」ことを標榜し，2020年度には売上高3,000億円，営業利益350億円を目指している。同社は成長の原動力としてM&Aを多用した。特に，中期計画を発表した2015年2月以降，M&Aを加速させ，15年3月末時点の連結子会社数23社から，18年9月末時点では85社の連結子会社を抱えるまでに至った（図表9 −17）。買収した事業分野は多岐にわたり，祖業である美容・健康関連セグメント以外のセグメントでも売上の伸びが著しい（図表9 −18）。2018年3月までに9社の上場企業を買収した（図表9 −19）。

　同社のM&Aの特徴は，買収した企業の多くが業績不振であり，買収により多額の負ののれん（M&Aによる割安購入益）[16]が発生したことにある。その結果，2017年3月期は営業利益102億円のうち，負ののれんが58億円（営業利

第9章 多角化型M&A戦略 197

【図表9-17】RIZAPグループの連結子会社数の推移

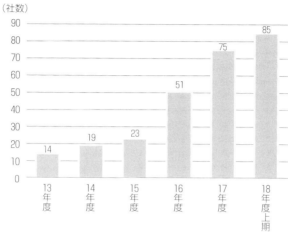

出所：SPEEDAをもとに作成

【図表9-18】セグメント別売上高推移

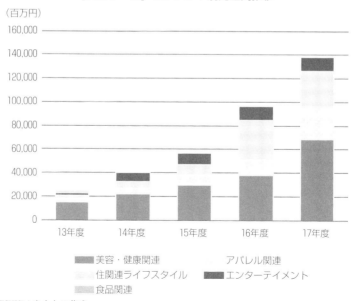

出所：SPEEDAをもとに作成

【図表9-19】RIZAPグループが買収した上場企業

| 買収時期 | 社名 | 事業内容 | のれん（マイナスは負ののれん）（百万円） |
| --- | --- | --- | --- |
| 2013年9月 | イデアインターナショナル | 生活雑貨 | 664 |
| 2014年1月 | ゲオディノス（現：SDエンターテイメント） | ゲームセンター運営 | ▲839 |
| 2015年3月 | 夢展望 | 女性衣料のECサイト | 559 |
| 2016年5月 | パスポート（現：HAPiNS） | 生活雑貨 | 622 |
| 2016年7月 | マルコ（現：MRKホールディングス） | 補整下着 | ▲2,326 |
| 2017年2月 | ジーンズメイト | カジュアルウェア | ▲1,688 |
| 2017年3月 | ぱど | フリーペーパー | 314 |
| 2017年6月 | 堀田丸正 | 和装中心の繊維商社 | ▲1,515 |
| 2018年3月 | ワンダーコーポレーション | CD・ゲーム販売 | ▲4,003 |

出所：有価証券報告書

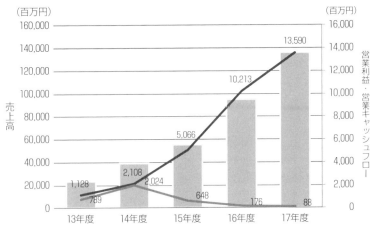

【図表9-20】RIZAPグループの営業利益と営業キャッシュフロー

出所：SPEEDAをもとに作成

益に占める割合57%），2018年3月期は営業利益136億円のうち，負ののれんが88億円（営業利益に占める割合65%）[17]と，同社の営業利益は負ののれんによって大きく水増しされた形となった。一方，営業キャッシュフローは，2014年3月期の20億円から2018年3月期には僅か1億円弱と大幅に減少しており，実態としてはグループの収益力は危険水域に達していた（図表9－20）。

そうした中，2018年11月，同社は2019年3月期の営業利益が当初予想230億円の黒字から33億円の赤字に転落するという，衝撃的な業績予想の下方修正を発表した。同日記者会見した瀬戸健社長は「グループシナジーが見込めない事業については積極的に縮小，撤退，売却を検討していく」と述べ，拡大路線を百八十度転換し，新規のM&Aは凍結する姿勢を示した[18]。また，営業利益の減額要因のうち，103億円が新規M&Aの凍結によるものとされ，瀬戸社長は負ののれんを「2年ほど前から業績予想に織り込んでいた」ことを明かした。

同社の構造改革を託されたのは，カルビー再建で知られ2018年6月に経営陣入りした松本晃氏である[19]。2000年代に急激なM&Aを繰り返して私的整理に陥ったアークの二の舞になるのか，見事に自力再生を果たすのか——同社のグループ理念である「『人は変われる』を証明する」を自ら体現できるかが問われている。

---

16　純資産価額よりも低い金額で買収すると，P/L上，負ののれん（M&Aによる割安購入益）が計上される。

17　2018年3月に買収したワンダーコーポレーション1社で40億円もの負ののれんが発生していた。

18　日本経済新聞2018年11月15日。

19　松本氏は2019年1月1日に代表権を返上し構造改革担当の取締役に専念したのち，2019年6月開催の定時株主総会をもって取締役を退任する予定。

## 4．M&A戦略⑭　プラットフォーム戦略

### ⑴　概要

　近年のバズワードの1つに「プラットフォーマー」がある。プラットフォーマーというとフェイスブックやグーグル，アマゾンといったIT企業が想起されるが，プラットフォームビジネスの本質は，すべてを自社でやらないことにある[20]。つまり，自社のプラットフォームを活用してビジネスをしてくれる協力者を増やすことが，プラットフォームビジネスの成功のカギとなる。

　M&Aを活用してプラットフォームを構築・拡充する戦略が，ここでいう「プラットフォーム戦略」である。これには2つのパターンがある。1つは，M&Aにより業界のプラットフォーマーとしてのポジションを獲得・強化する戦略である。この場合は，範囲の経済性の発揮が成功のカギとなる。もう1つは自社をM&Aのプラットフォームと位置付け，ロールアップ型のM&Aを行う戦略である。この場合は，規模の経済性の発揮が成功のカギとなる。

### ⑵　産業のレイヤー構造化とプラットフォーム戦略

　プラットフォームには，基盤型プラットフォームと媒介型プラットフォームがある[21]。基盤型プラットフォームとは，補完製品の土台となる製品・サービスである。例えば，家庭用ゲーム機が基盤型プラットフォームで，ゲームソフトが補完製品に該当する。なお，基盤型プラットフォームと補完製品をまとめて「エコシステム」と呼ぶ。プラットフォームに補完プレーヤーが参加することで，プラットフォームとしての利便性や価値が向上するため，エコシステムの成長がプラットフォームとしての成否を握る。

　媒介型プラットフォームとは，ユーザー間の仲介，コミュニケーションや取引の媒介などを行う製品・サービスをいう。例えば，SNSや配車アプリ，クレ

---

20　根来龍之『プラットフォームの教科書』（日経BP社，2017）36頁。
21　根来・前掲注（20）46頁。

ジットカードなどが該当する。プラットフォーマーとは，これらのプラットフォームを提供する事業者をいう。

近年，プラットフォームというコンセプトが注目されるようになったのは，テクノロジーの発展による産業のデジタル化が背景にある。産業のデジタル化は，産業構造を従来のバリューチェーン構造からレイヤー構造に変える影響をもたらしつつある。産業のレイヤー構造化とは，産業内の製品・サービスの組み合わせについて，需要家の自由な直接選択が行いうるようになることをいう（図表9−21）[22]。

レイヤー構造化は，例えば，小売業では，ネットモールの巨大化やデパートのショッピングモール化という現象に現れている。金融業界では，コンビニATMに代表されるようにATMレイヤーが独立化してきたこともレイヤー構造化の例といえる。すでにIT業界を中心にレイヤー構造化が進んでいるが，今後は，モジュール化の進展する自動車産業や，IoTによって製品のネットワーク化が進行する製造業においても，レイヤー構造化が進展していくことが予想される。

レイヤー構造化が進むことで，基盤となる製品・サービスを提供するプラットフォーマーの競争力が高まり，他のレイヤーへの支配力を持つようになる。このように，産業のレイヤー構造化とプラットフォーマーの出現は同期している。そのため，産業のレイヤー構造化が進む中で，プラットフォーマーとしてのポジションの獲得は重要な戦略課題といえる。

M&Aにより業界のプラットフォーマーとしてのポジションを獲得・強化する戦略には，以下のようなパターンが考えられる。

### ① 基盤型プラットフォーム上の補完製品・サービスの買収

自社のプラットフォームを中核とするエコシステムを成長させるため，M&Aによって顧客に提供する補完製品・サービス群を拡充するための買収。楽天

---

[22] 根来龍之＝藤巻佐和子「バリューチェーン戦略論からレイヤー戦略論へ：産業のレイヤー構造化への対応」早稲田国際経営研究44号145〜162頁。

**【図表 9－21】産業のレイヤー構造化**

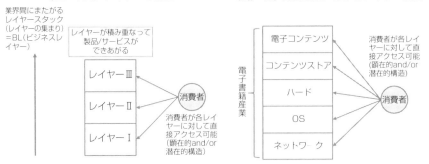

出所：根来龍之＝藤巻佐和子「バリューチェーン戦略論からレイヤー戦略論へ：産業のレイヤー構造化への対応」早稲田国際経営研究44号

による銀行，保険，カード等のM&Aがその代表である。

② 媒介型プラットフォーマーの買収

すでに媒介型プラットフォームを提供している企業の買収。フェイスブックによるインスタグラムの買収やワッツアップの買収がその一例である。

③ 次世代のプラットフォームとなりうる基盤技術企業の買収

テクノロジーの進展を見越して，次世代のプラットフォームとなりうる技術や製品を保有している企業の買収。ソフトバンクによるアームの買収がその一例である。

④ レイヤー統合を意図した買収

レイヤー構造化した業界において，レイヤー統合のために他のレイヤープレーヤーを買収すること。ハード機器を提供する企業によるコンテンツ企業の買収などが該当する。

第9章　多角化型M&A戦略　203

## 事例29　M&Aで独自のエコシステム（経済圏）の基盤を構築〜楽天

　M&Aにより業界のプラットフォーマーとしてのポジションを獲得・強化する戦略の例には，楽天が挙げられる。同社は1997年の創業来，エンパワーメントというコンセプトのもと，出店店舗が消費者と直接コミュニケーションする機会を提供し，多様なコンテンツを消費者に提供するECプラットフォームを構築することで成長してきた（図表9-22）。現在では，Eコマース，金融，通信，プロスポーツなど70超の分野で事業を展開。グローバル年間流通総額は12.9兆円に達し，世界190か国で12億以上のユーザーによる巨大な「楽天エコシステム（経済圏）」を形成している（2017年度）。多様なシーンで顧客接点を持ち，楽天スーパーポイントなどによりクロスユースを促進して，顧客獲得コストの低下や顧客生涯価値（LTV：Life Time Value）の最大化を図る戦略をとっている（図表9-23）。

　その基盤となる事業の多くはM&Aにより獲得したものである。同社は2000年4月に株式公開を果たし，上場で得た資金を元手に積極的にM&Aを展開していく（図表9-24）。2000年にポータルサイト運営のインフォシーク，2003年にマイトリップ・ネット（現楽天トラベル），2012年に医薬品・健康食品販売のケンコーコム（現Rakuten Direct），2016年にフリマアプリ「フリル」（現ラクマ）を提供するFablicなどを買収した。

　2003年以降はDLJディレクトSFG証券（現楽天証券）買収を皮切りに金融事業に進出。2004年にあおぞらカード（現楽天カード），2009年にイーバンク銀行（現楽天銀行），2012年にアイリオ生命保険（現楽天生命保険），2018年に朝日火災（現楽天損害保険）を買収するなど，主要な金融事業の大半はM&Aにより参入を果たしている。

　2005年にLinkShare Corporation（現RAKUTEN MARKETING）を買収し，それ以降，海外展開に着手した。2010年にBuy.com（現RAKUTEN COMMERCE）とPRICEMINISTER（現Rakuten France），2011年にIkeda Internet Software（現RAKUTEN BRASIL INTERNET SERVICE）とTradoria（現

【図表9-22】楽天の業績推移

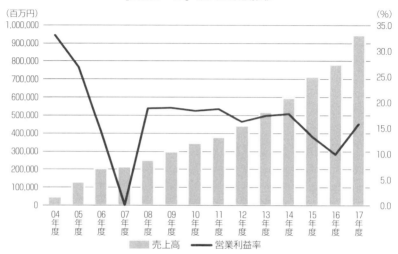

出所：SPEEDAをもとに作成

【図表9-23】楽天エコシステム（イメージ）

出所：「同社コーポレートレポート2017」をもとに作成

第9章　多角化型M&A戦略　　205

## 【図表9－24】楽天による主なM&A

| セグメント | 取得日など | 対象会社名 | 対象会社概要 | 取得金額(百万円) | 所在国(空白は日本) |
|---|---|---|---|---|---|
| 国内EC | 2000年12月 | インフォシーク | ポータルサイト「Infoseek」を運営 | 9,000 | |
| | 2003年 9月 | マイトリップ・ネット | 宿泊施設等予約サイト「旅の窓口」(現楽天トラベル)運営 | 32,300 | |
| | 2012年 6月 | ケンコーコム(現Rakuten Direct) | 健康関連商品の販売・EC事業を運営 | 1,915 | |
| | 2015年 7月 | Fits.me Holdings Limited | バーチャル試着サービスを提供 | | |
| | 2016年 9月 | Fablic | フリマアプリ「フリル」(現ラクマ)を提供 | | |
| | 2016年10月 | 爽快ドラッグ(現Rakuten Direct) | 生活用品等の販売・EC事業を運営する提供 | 8,900 | |
| Fintech | 2003年11月 | DLJディレクトSFG証券(現楽天証券) | インターネット証券大手 | 33,100 | |
| | 2004年 9月 | あおぞらカード(現楽天カード) | 個人向けカードローンを提供 | 7,400 | |
| | 2005年 6月 | 国内信販(現 KCカード) | クレジットカード事業 | 12,000 | |
| | 2009年 2月 | イーバンク銀行(現楽天銀行) | インターネット銀行 | 16,555 | |
| | 2012年10月 | アイリオ生命保険(現楽天生命保険) | 生命保険事業 | 11,500 | |
| | 2018年 1月 | 朝日火災(現楽天損害保険) | 損害保険事業 | 44,998 | |
| 海外EC | 2005年10月 | LinkShare Corporation(現RAKUTEN MARKETING) | 米国アフィリエイト事業会社 | 46,453 | アメリカ |
| | 2010年 7月 | Buy.com(現RAKUTEN COMMERCE) | アメリカにおいてECサイト「Buy.com」(現「Rakuten.com」)を運営 | 22,700 | アメリカ |
| | 2010年 7月 | PRICEMINISTER(現 Rakuten France) | フランスにおいてECサイト「PriceMinister」を運営 | 22,600 | フランス |
| | 2011年 6月 | Ikeda Internet Software(現RAKUTEN BRASIL INTERNET SERVICE) | ブラジルにおいてECサービスを提供 | | ブラジル |
| | 2011年 7月 | Tradoria(現 Rakuten Deutschland) | ドイツにおいてECサイト「Tradoria」(現「Rakuten.de」)を運営 | | ドイツ |
| | 2012年11月 | Alpha Direct Services | フランスの大手物流事業者 | | フランス |
| | 2013年 6月 | Webgistix(現Rakuten Super Logistics) | 米国物流会社 | | アメリカ |
| | 2014年 9月 | Slice Technologies, Inc. | 様々なECサイト利用時に届く購買通知メールを解析し、消費履歴を集約するアプリサービス「Slice」を提供 | | アメリカ |
| | 2014年10月 | Ebates Inc. | 北米最大級の会員制オンライン・キャッシュバック・サイト「Ebates」を展開 | 109,340 | アメリカ |
| メディア・通信 | 2004年 5月 | みんなの就職 | 口コミ就職サイト | 586 | |
| | 2007年 8月 | フュージョン・コミュニケーションズ | IP電話事業を運営 | 673 | |
| | 2009年 3月 | ショウタイム | 動画コンテンツ配信事業を運営 | 1,784 | |
| | 2012年 1月 | Kobo(現Rakuten Kobo) | 電子書籍事業 | 24,220 | カナダ |
| | 2012年 6月 | Wuaki.TV(現Rakuten TV) | スペインにおいてスマートTV、タブレット、その他デバイス向けのビデオストリーミングサービスを提供 | | スペイン |
| | 2013年 9月 | VIKI | 世界でビデオストリーミングサービスを展開 | 19,550 | アメリカ |
| | 2014年 3月 | VIBER MEDIA | 世界でモバイルメッセージングとVoIPサービス「Viber」を展開 | 93,468 | キプロス |
| | 2015年 4月 | OverDrive Holdings | 図書館向け電子書籍配信サービス「OverDrive」を提供 | 48,856 | アメリカ |
| | 2017年11月 | プラスワン・マーケティング | 「FREETEL」(現楽天モバイル)ブランドのMVNO事業 | 5億円強 | |

出所：同社ホームページ，公表資料，報道資料をもとに作成

Rakuten Deutschland），2014年には北米最大級の会員制オンライン・キャッシュバック・サイト「Ebates」を展開するEbatesなどを買収した。

メディア・通信事業では，2012年に電子書籍Kobo，2013年にビデオストリーミングサービスを展開する米国VIKI，2014年に無料電話アプリViber，2017年11月に「FREETEL」ブランドのMVNO事業などを買収した。

同社は，買収した企業の社名やサービス名を楽天ブランドに置き換えて，自らの経済圏に組み込むことにより，大きなシナジー効果を創出している。特に，金融分野ではそれが顕著で，楽天カードはカードショッピング取扱高が自社発行ベースでは国内クレジットカードとして初となる6兆円の大台へ達し，国内クレジットカードシェア1位となった（2017年度）ほか[23]，楽天銀行の口座数が2018年12月にネット専業銀行では最大の700万を超えた[24]。

近年，ネット通販事業は，オンラインとオフラインの境目が急速に小さくなりつつある。オンラインのIDがオフラインでの決済IDと連動したり，オンラインで注文した商品をオフライン店舗で受け取るなどは日常的になっている。IDとデータの連動が流通や消費のあり方を大きく変えようとしているのだ。そうした流れを受けて，楽天は米ウォルマートやビックカメラなどのオフライン流通業との提携を進めているほか，グループ外企業との間での楽天スーパーポイントの提携拡大，通信キャリア事業への進出など，「楽天エコシステムの超拡大」を推進している。

ECの最大のライバルであるアマゾンのほか，NTTドコモやKDDI，LINE，メルカリなど，独自の経済圏構想を掲げるライバルは多い。日本を代表するプラットフォーマーであり，経済圏構想の元祖ともいえる楽天の戦略遂行力に引き続き注目していきたい。

---

23 同社「コーポレートレポート2017」16頁。
24 日本経済新聞2019年1月4日。

## 第9章　多角化型M&A戦略　207

### 事例30　中小食品企業の支援プラットフォーム ～ヨシムラ・フード・ホールディングス

　自社をM&Aのプラットフォームと位置付け，ロールアップ型のM&Aを行う戦略をとっている例としては，ヨシムラ・フード・ホールディングスが挙げられる。同社は，後継者難や事業再生が必要な中小食品企業を連続的に買収することにより事業規模を拡大している（2018年10月時点で17社買収）（図表9-25）。

　同社は自らを「中小企業支援プラットフォーム」と位置付け，ホールディングスがグループ会社を機能別に統括することで相互補完，相互成長を図る仕組みを構築している（図表9-26）。具体的には，買収した企業の営業，製造，仕入・物流，商品開発，品質管理等の業務を機能別に分け，機能別に配置した責任者がグループ内でのシナジー効果を最大化させるための取組みを日常的に行っている。

　この仕組みは，グループの人材の有効活用にもつながっている点がポイントである。ホールディングスがグループ各社の優秀な人材を活用してグループ横断的に活躍してもらう場を提供しているのだ。中小企業の最大の悩みの1つは人材不足だが，それをグループ化することによって，うまくカバーしているといえる。中小の食品メーカー1社1社ではなかなかできないことを，グループとして相互に補完し合いながら，全体として成長しようとする仕組みとなっている。

　なお，非上場企業では，セレンディップ・コンサルティング（本社：名古屋市）が中堅・中小ものづくり企業の事業承継の受け皿として，同様のモデル構築を目指している。投資ファンドとは異なり必ずしもExit（売却）を前提としない長期的な投資スタイルで，特定業種にフォーカスした中小企業の事業承継と成長を担うプラットフォーム戦略を掲げる例は，今後も増加するであろう。

**【図表9−25】ヨシムラ・フード・ホールディングスの業績推移**

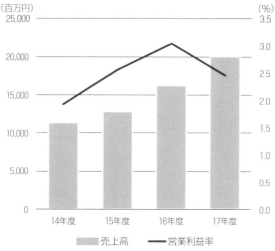

出所：SPEEDAをもとに作成

**【図表9−26】中小企業支援プラットフォームのイメージ**

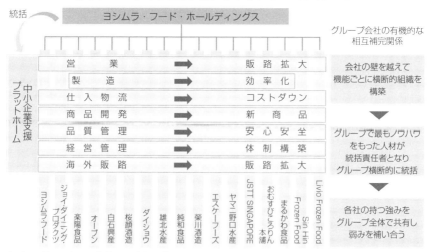

出所：同社2019年2月期第2四半期決算説明資料をもとに作成

第9章　多角化型M&A戦略　209

## 5．M&A戦略⑮　マルチアライアンス戦略

### (1)　概要

　「マルチアライアンス戦略」とは，複数企業と広範囲に戦略的提携を行って
いく戦略をいう。近年の急速な技術革新の進展により，もはや一企業であらゆ
る顧客ニーズに対応していくことは困難である。そこで，企業は研究開発にお
ける自前主義を見直し，他企業との提携によるオープンイノベーションを志向
する流れが本戦略の背景にある。なお，オープンイノベーションとは，外部の
技術や知見を活用して新商品や新サービスを開発することを指す。

　マルチアライアンス戦略は，新薬開発に莫大な資金を要するにもかかわらず
成功確率が低い製薬業界，電動車へのシフトやビジネスモデルの変革が喫緊の
課題となっている自動車業界，テクノロジーで第4次産業革命を主導している
IT業界などで積極的に展開されている。中でも，2018年10月のトヨタ自動車
とソフトバンクの提携は，自動車メーカーやIT大手などを中心に，新たなモ
ビリティサービス構築に向けて繰り広げられている苛烈な競争の象徴的な動き
といえよう。

　近年，大企業を中心に活用が広がっているCVC（コーポレート・ベンチャー
キャピタル）も，マルチアライアンス戦略を実現するツールといえる。CVC
を通じてITベンチャー等に出資し，既存ビジネスとITの融合により新たなサー
ビスやビジネスモデルの構築を目指すケースが多い。

　ますます変化のスピードが速まる経営環境の中，柔軟に戦略オプションを確
保しやすいマルチアライアンス戦略の重要性は，より高まっていくものと思わ
れる。

### (2)　アライアンス・スキーム

　アライアンスの方法には，業務提携，資本業務提携，ジョイント・ベン
チャー（JV：合弁会社）の3つの方法がある（図表9－27）。

210　第2編　M&A戦略の15類型

## 【図表9-27】アライアンスの類型

| | 業務提携 | 資本業務提携 | ジョイント・ベンチャー(JV) |
|---|---|---|---|
| 特徴 | ・互いに株式を持ち合ったり，また独立組織も作ったりしない<br><br>・契約を通じて企業間の協力をつかさどる | ・契約による協力関係を補強するため，一方が提携パートナーの所有権に投資する<br><br>・相互に投資することもある | ・提携パートナー企業が共同で投資をして独立組織を作る<br><br>・その組織から得られる利益をパートナーで共有する |
| 留意点 | 明示的契約 | 出資比率 | 経営の主導権 |

出所：ジェイ・バーニー著，岡田正大訳『企業戦略論（下）』（ダイヤモンド社，2003）をもとに作成

## 【図表9-28】提携による裏切り行為

| | |
|---|---|
| 逆選択 | 提携候補企業が，提携に持ち寄るスキルや能力の価値を偽って提示する行為。これは，相手が保有しているスキル・能力，その他経営資源の内容が事前に分からないため起こる問題であり，自分の方が一方的にノウハウや経営資源を提供し，相手からは有益な情報がもたらされないというリスク。 |
| モラル・ハザード | 提携パートナー企業が，その提携で価値を発揮する優れた経営資源やケイパビリティを有しているにもかかわらず，提携前に約束したものよりも低いスキルや能力しか提供しないという行為。大企業と提携関係を持った新興ベンチャー企業の実に80%がこれを経験すると推定している研究もある。 |
| ホールドアップ | 提携パートナー企業が，提携先企業が行った取引特殊な投資を利用する行為。一方の提携先が相手よりも取引特殊な投資を行った場合に起こる問題。取引特殊な投資とは，その提携でのみ価値のある投資のこと。例えば，その提携のために一方が製造プロセスの変更等の対応を行い，他方が何も投資を伴わない場合，他方が一方から搾取することが可能となる。 |

出所：ジェイ・バーニー著，岡田正大訳『企業戦略論（下）』（ダイヤモンド社，2003）をもとに作成

業務提携は，資本関係を持たずに提携を行う方法である。提携の実効性を高めるため，提携内容をできるだけ具体的に契約書上に明記することが重要である。特に，提携に際して図表9 − 28に示すような相手からの裏切り行為が生じないよう，そうした行為が生じた場合の法的責任を契約上，明示することが重要である。ただし，契約関係でリスクを軽減することには限界があり，より提携の実効性を高めたいのであれば，資本業務提携もしくはジョイント・ベンチャーの方式を採用することが望ましい。

資本業務提携は，契約関係のみならず，提携先企業の株式を一部保有する方法である。相互に持ち合うこともある。日本では株式持ち合いは減少傾向にあるが，それでも自動車産業のように，長期的な取引慣行が定着している業界では依然として持ち合いを続けているケースは多い。提携の成果が出れば，出資先企業の価値も上昇するため，単なる業務提携よりも当事者の本気度が高くなるというメリットがある。資本業務提携においては，提携先の株式の保有割合によって，相手に対する経営上の影響力も変わることから，出資比率が最大の論点となる。出資比率と株主の権利の関係は図表9 − 29を参照されたい。

資本業務提携の一種ではあるが，ジョイント・ベンチャー（JV）も提携の一形態である。JVは，その提携のために設立される独立した法人であり，提携参加企業は，基本的にはその出資比率に応じたリターンを得ることができる。そのため，既存法人の株式を保有するよりも，その提携による成果は目に見えやすく，またリターンの分配も明確であることから，提携の形態としては最もリスクを軽減できる方式である。特に，取引特殊な投資が必要となる提携においては，ホールドアップ・リスクを抑制する上で，JVは有効である。ただし，JVを円滑に運営するためには，その組織体や事業運営ルール（解消方法含む）を事前によく協議し，できるかぎり具体的に合弁契約書（JVA：Joint Venture Agreement）に落とし込むことが重要である（図表9 − 30参照）。

## 【図表9-29】持株比率と株主の権利

| 保有割合・議決権比率 | 権利の内容 |
|---|---|
| 1株以上 | ■ 株主名簿，取締役会議事録，計算書類等の閲覧等請求権<br>■ 募集株式発行，新株予約権発行，取締役の行為，執行役の行為，略式組織再編行為等の差し止め請求権<br>■ 株主代表訴訟，株主総会の決議取消し訴訟，会社の組織に関する行為の無効の訴え等の請求権 |
| 1％以上（100分の1以上）<br>or 300個以上 | ■ 株主提案権 |
| 1％以上（100分の1以上） | ■ 総会検査役選任請求権<br>■ 多重代表訴訟提起権 |
| 3％以上（100分の3以上） | ■ 総会招集請求権<br>■ 役員の解任請求権<br>■ 業務の執行に関する検査役選任請求権<br>■ 役員等の責任軽減への異議権<br>■ 会計帳簿閲覧請求権 |
| 10％以上（10分の1以上） | ■ 一定の募集株式発行等における株主総会決議要求権<br>■ 解散請求権 |
| 15％以上 | ■ 議決権20％未満でも，重要な契約の存在等により財務や営業の方針決定に重要な影響を与えられる場合には支配力基準により関連会社として認識 |
| 1/6以上 | ■ 簡易組織再編，簡易事業譲渡の拒絶可能 |
| 20％以上 | ■ 関連会社として認識 |
| 25％以上 | ■ 相互保有株式の議決権の制限 |
| 1/3超 | ■ 拒否権（特別決議の否決可能） |
| 40％以上 | ■ 支配力基準による子会社の認識<br>■ 支配力基準による子会社の親会社株式の取得禁止 |
| 1/2超 | ■ 株主総会での普通決議<br>・取締役，会計参与，監査役の選任<br>・取締役，会計参与の解任<br>・計算書類の承認　等<br>■ 親子会社の認識<br>■ 子会社の親会社株式の取得禁止 |
| 2/3以上 | ■ 株主総会での特別決議<br>・合併，会社分割，株式交換，株式移転<br>・事業譲渡<br>・第三者割当増資<br>・解散<br>・定款変更<br>・株式併合<br>■ 株主総会での特殊決議　【議決権ある株主の半数以上】<br>・発行する全部の株式に譲渡制限の設定または解除<br>■ 取締役の責任免除 |
| 3/4以上 | ■ 株主総会での特殊決議　【総株主の半数以上】<br>・属人的株式についての定款の定め<br>　−剰余金の配当を受ける権利<br>　−残余財産の分配を受ける権利<br>　−株主総会における議決権<br>■ 取締役の責任免除 |
| 90％以上 | ■ 略式組織再編，略式事業譲渡が可能<br>■ 株式等売渡請求が可能 |

第 9 章　多角化型M&A戦略　213

【図表 9 −30】ジョイント・ベンチャー設立に際しての主な検討事項

**JVの組織体に関する事項**

- 合弁会社の事業内容
  - 合弁会社における業務内容
  - 親会社・取引先との間のビジネス・フロー
- 合弁会社の組織構造
  - 合弁会社の組織構造・人員配置
  - 職務分掌，親会社との役割分担
- 合弁会社のガバナンス
  - 取締役の選・解任ルール，役員構成，議決権拘束の有無
  - 取締役会運営ルール，会議体　等

**JVの事業運営に関する事項**

- 利益分配・親子間取引
  - 利益分配・親子間取引ルール（ex. 業務委託料，ロイヤリティ，商取引におけるマージン等）
  - 配当・残余財産分配ルール
- 経営資源の提供
  - 人材の派遣・人件費負担ルール
  - 土地・建物・設備の提供ルール
  - 資金調達・債務保証ルール
  - 技術・ノウハウの提供，知的財産の所有ルール

**JVの収支構造・契約に関する事項**

- 合弁会社の財務構造
  - 合弁会社の資産・負債・純資産の内容
  - 合弁会社の収支構造，キャッシュフロー
- 合弁契約，各種契約書類，会社設立に伴う法定書類
  - 合弁契約書（JV Agreement），新会社の定款
  - 業務委託契約，賃貸借契約等，業務上必要な契約書類

事例31 巧みなアライアンス戦略で「100年に 1 度」の変革に立ち向かう
〜トヨタ自動車

　自動車業界は，「100年に 1 度」の大変革期を迎えている。CASEと呼ばれる技術革新にいかに対応していくかが，生き残りのカギとなっている。CASEとは，C（コネクティッド，通信），A（オートノマス，自動運転），S（シェアリング），E（電動化）という自動車を取り巻く 4 つの技術革新を意味する。これらの技術革新には，自動車メーカーが単独で対応することは困難であり，自動車部品メーカーも含めた自動車産業のみならず，電機，電子部品，ITなど，多くの業界プレーヤーとの連携が不可欠な「総合格闘技」の様相を呈している。特に，自動運転にはAI活用が不可欠なことから，大手IT企業が完全自動運転の実現を目指して参入し，開発スピードの競争は激しさを増している。

　トヨタは，2017年 2 月，スズキとの間で，環境や安全，情報技術，商品・ユ

ニット補完等での業務提携に向けた覚書を締結したと発表した。同年8月には
マツダと資本提携を発表し，デンソーも加えEV共同開発のための新会社を設
立した。また，2019年1月には，パナソニックとEVなどの車載電池の新会社
を2020年末までに設立すると発表するなど[25]，他社との提携を梃にEV開発を加
速させている。また，ウーバー，グラブ，滴滴出行，ジャパンタクシーなど，
世界中でライドシェア大手との提携を進めるなど，多方面での提携を行ってい
る。こうした中，豊田章男社長は，2018年1月にラスベガスで開催されたCES
（コンシューマー・エレクトロニクス・ショー）で，「モビリティカンパニーへ
と変革する」ことを宣言した。さらに，2018年10月にはソフトバンクとの提携
を華々しく発表した。

　最近のトヨタのアライアンス戦略について，豊田社長は，次の3点を挙げて
いる（図表9-31）[26]。

■同じルーツを持つグループ企業との連携強化（ホーム＆アウェイ戦略）

　トヨタによれば，「ホーム」とは，「現地現物」で，自分たちで付加価値をつ
けることができ，競合と比較しても競争力で勝っている事業や地域のことであ
り，「アウェイ」とは，専門性において，自分たちよりも相手のほうが多くの
優位性を持っている事業や地域を指す。

　ホーム＆アウェイ戦略とは，トヨタグループ内の事業を見直し，重複事業を
競争力のあるホームの会社に集約する，あるいは，グループ各社の強みを出し
合ってホームの会社を作ることを意味している。この戦略に基づき，2018年6
月に，トヨタとデンソー両社の主要な電子部品事業をデンソーに集約すること，
および，アフリカ市場におけるトヨタの営業業務の豊田通商への移管を検討す
ることを発表した。

---

25　このJVの出資比率はトヨタが51％，パナソニックが49％と，トヨタが主導権を握るこ
　ととなっている。このJVには，パナソニックが持つ角形の車載リチウムイオン電池の全
　工場が移管され，パナソニックは成長分野と位置付けている事業を持分法適用会社化して
　しまうこととなる。とはいえ，巨額の先行投資がかさむ車載電池事業において，パナソ
　ニックとしてはトヨタの資金力や事実上の「買取保証」に頼らざるを得ない状況であった
　と考えられる（日本経済新聞2019年1月23日）。
26　2018年10月4日ソフトバンク・トヨタ共同記者会見でのプレゼン。

## ■他の自動車メーカーとのアライアンス強化

　他の自動車メーカーとの間で，開発，生産技術，販売網など，互いの強みを持ち寄って競争力を高めることを目的とした提携であり，資本のつながりにより規模の拡大を目指すものではない。前述のスズキやマツダとの提携が該当する。

## ■モビリティサービスを提供する"新しい仲間"とのアライアンス強化

　モビリティカンパニーへの変革にあたって，従来の自動車産業以外のプレーヤーとの提携を指す。豊田社長いわく「自動車事業は一人ではできない」，「多くの仲間が必要であり，志を同じくする者と未来を創る」。ライドシェア各社やソフトバンクとの連携がその代表である。また，パナソニックとの車載電池会社の設立といった生産面での提携も，この考え方に基づくものであろう。

【図表9-31】トヨタのアライアンス戦略

| 1 | 同じルーツを持つグループ企業との連携強化(ホーム&アウェイ戦略) |
|---|---|
| 2 | 他の自動車メーカーとのアライアンス強化 |
| 3 | モビリティサービスを提供する"新しい仲間"とのアライアンス強化 |

216　第2編　M&A戦略の15類型

**事例32**　300年成長し続けるための「群戦略」～ソフトバンクグループ

　マルチアライアンス戦略の究極的な形ともいえるのが，ソフトバンクグループの「群戦略」である。群戦略は，孫社長が約20年前から構想していたアイデアで，「ナンバーワンの群れ」というユニークなコンセプトである。孫社長は，グループのコア事業会社以外は，20～30%の出資比率に抑え，ブランドも統一しない，マネジメントも変えないことにより，ナンバーワン企業をグループ化し，300年成長し続ける組織モデルを追求している（図表9－32）。

　孫社長は群戦略について，こう付け加える[27]。

　「われわれがNo.1の集合体であるグループをつくるためには，こちらが要求し過ぎてはダメ。もし，No.2，No.3に落ちてしまった場合は売却を考えるが，『SBなんたら』『ソフトバンクなんたら』という名前を付けていたら簡単に売却できない。したがって，一番の企業ばかりの集合体にしようと思っても，結果的にそうなっている企業というのはほとんどない。（中略）その分野で，少なくともその国でNo.1か，世界でNo.1であるという会社の集合体をつくろうというのは，言うのは簡単だが，実行するのは非常に難しい。」

【図表9－32】ソフトバンクグループの「群戦略」の特徴

| 1 | No.1企業の群れを目指す |
|---|---|
| 2 | 持株比率は20～30%。原則51%以上要求しない |
| 3 | ブランドを統一しない |
| 4 | マネジメント(経営陣)を変えない |

---

27　2018年3月期 第3四半期 決算説明会（前編）https://www.softbank.jp/sbnews/entry/20180216_01

第9章 多角化型M&A戦略　217

　また，孫社長は，群戦略と似て非なるものとして日本の財閥経営について，以下のように述べている[28]。

　「日本の有名な財閥経営は，グループでたくさん企業をコングロマリットで持っており，戦前あるいは戦後直後は，戦う市場のほとんどが国内であり問題なかった。国内で1位か，2位か，3位を彼らが分け合っていた。ところがもはや，市場の競争は世界を相手にするようになった。では今日，戦後すでに70年くらい経って，財閥の位置付けは今どうか。世界で1位になっているか？世界で1位をいくつ持っているか？　持っている企業群のほとんどが世界一か？　ありえないこと。結果どうなったかと言うと，世界で5位，7位，10位，20位というものの集合体になっている。優先して自社グループの製品やサービスを使おうとすると，弱者連合にならざるを得ない。」

　目下，ソフトバンクグループは，「情報革命の主戦場はAIへ」，「AIを制するものが未来を制す」として，「AI群戦略」を掲げている。その推進主体として，2017年5月に10兆円規模のソフトバンク・ビジョン・ファンド（SVF）を立ち上げ，世界中のAI関連のユニコーン企業に積極的に投資している。中でも，ウーバー，滴滴出行，グラブなどのライドシェア，トラックライドシェアの満幇集団，自動運転のGMクルーズ，半導体設計のアーム，中古車販売のオート1グループなど，モビリティ関連投資はその中核となっている。そうした流れの中で，トヨタ自動車との次世代モビリティサービスの構築に向けた戦略的提携は，まさに「時が来た」ということなのであろう。

---

28　2018年3月期 第3四半期 決算説明会（前編）https://www.softbank.jp/sbnews/entry/20180216_01

218　第２編　M&A戦略の15類型

## 【図表９−33】ソフトバンクグループの主な投資先

| | 米国 | 欧州 | 中国 | インド | その他 |
|---|---|---|---|---|---|
| 通信 | スプリント（移動通信）<br>ワンウェブ（衛星通信） | | | | |
| シェアリング | ウーバー（ライドシェア）<br>ウィーワーク（オフィスシェア）<br>ドアダッシュ（食事宅配）<br>ワグラボ（ペット散歩代行） | | 滴滴出行（ライドシェア）<br>満帮集団（トラック配車） | オラ（ライドシェア） | グラブ（シンガポール・ライドシェア） |
| 自動運転 | ナウト<br>ブレイン<br>GMクルーズ | | | | |
| IoT | マップボックス(地理情報)<br>OSIソフト（産業用IoT）<br>ライト（多眼カメラ）<br>サイバーリーズン | インプロバブル（英・VR/AR） | | | |
| AI・ロボット | ボストン・ダイナミクス（ロボット）<br>コヒシティ（ストレージ） | アーム（英・半導体設計） | クラウドマインズ | | エイビア（台湾） |
| Eコマース | ファナティクス（スポーツ関連EC） | オート1グループ（独・中古車販売） | アリババ | スナップディール（EC）<br>フリップカート<br>オヨルームズ（ホテル予約） | トコペディア（インドネシア）<br>クーパン（韓国） |
| 建設・不動産 | カテラ（建築設計）<br>アーバン・コンパス（不動産） | | | | |
| 保険・医療 | ガーダント・ヘルス（がん診断）<br>ビア（医薬品開発）<br>サイエンス37（治験サービス） | ロイバント（スイス・医薬品開発） | 平安医療健康管理(保険手続き)<br>平安健康医療科技(医療ポータル)<br>衆安在線財産保険(ネット保険) | | |
| 金融 | ソーシャルファイナンス（学生ローン）<br>カベージ（企業向け融資）<br>フォートレス | | アリペイ（決済） | ペイTM(決済)<br>ポリシーバザール（保険ローン） | |
| その他 | スラック（ビジネスチャット）<br>プレンティ（野菜工場） | | | ハイク（メッセージアプリ） | ネマスカ・リチウム（カナダ・鉱山開発） |

出所：各種報道資料をもとに作成

## 【著者紹介】

木俣　貴光 （きまた　たかみつ）

三菱UFJリサーチ＆コンサルティング株式会社
コーポレートアドバイザリーユニット代表兼コーポレートアドバイザリー部長（名古屋）
プリンシパル

早稲田大学政治経済学部卒業後，出光興産に入社。販売店の経営指導や本社経理部にて管理会計などを担当。

その後，プライスウォーターハウスクーパースコンサルタントにて大手企業のグループ組織再編や経営統合に関するコンサルティングに従事。2003年7月より現職。専門は，M＆A，グループ組織再編，事業承継対策，経営戦略，コーポレートファイナンス。中小企業診断士。米国公認会計士試験合格。名古屋市立大学大学院経済学研究科修了（経済学修士）。名古屋市立大学大学院非常勤講師（2012年度）。

主な著書に『M＆Aそこが知りたい！（改訂新版）』（アーク出版），『図解　経営キーワード』（日本実業出版社・共著），『戦略的M＆Aと経営統合マネジメント』（企業研究会・共著），『幸せな事業承継はM＆Aで』（アーク出版），『企業買収』（中央経済社），『持株会社・グループ組織再編・M＆Aを活用した事業承継スキーム』（中央経済社），『企業買収の実務プロセス（第3版）』（中央経済社）などがある。

## M&A戦略の立案プロセス

2019年6月10日　第1版第1刷発行
2025年6月15日　第1版第9刷発行

著　者　木　俣　貴　光

発行者　山　本　　継

発行所　㈱中央経済社

発売元　㈱中央経済グループ
　　　　パブリッシング

〒101-0051　東京都千代田区神田神保町1-35
電　話　03 (3293) 3371 (編集代表)
　　　　03 (3293) 3381 (営業代表)
https://www.chuokeizai.co.jp
印刷／三英グラフィック・アーツ㈱
製本／有井上製本所

© 2019
Printed in Japan

＊頁の「欠落」や「順序違い」などがありましたらお取り替えいた
しますので発売元までご送付ください。(送料小社負担)

ISBN978-4-502-30851-2　C3032

JCOPY〈出版者著作権管理機構委託出版物〉本書を無断で複写複製 (コピー) することは，
著作権法上の例外を除き，禁じられています。本書をコピーされる場合は事前に出版者
著作権管理機構 (JCOPY) の許諾を受けてください。
JCOPY〈https://www.jcopy.or.jp　eメール：info@jcopy.or.jp〉

# 企業買収の
# 実務プロセス 〈第3版〉

■木俣貴光［著］Ａ５判・448頁・ソフトカバー

**「最も使える」M＆A実務マニュアル！**

　ディール遂行上のポイントを時系列で解説するM＆A実務書のロングセラー。第3版では，令和元年会社法改正，税制改正などの制度改正に対応し，加筆・修正を行いました。特に，近年の相次ぐ税制改正で複雑化したM＆Aに関する税制については，大幅に再整理を行っています。

　また，M＆A戦略立案に関する記述を大幅に見直したほか，コロナ禍で問題となったバリュエーション上の論点の追記，株式交付制度にかかる節の追加など，最新のM＆A実務を丁寧に反映しています。

序　章　M＆Aの進め方
**第１部　プレM＆Aフェーズ**
　第１章　M＆A戦略の立案
　第２章　ターゲット企業の選定と評価
**第２部　実行フェーズ**
　第３章　フィナンシャル・アドバイザー（FA）の選定
　第４章　ターゲット企業へのアプローチと初期分析
　第５章　企業価値算定
　第６章　買収スキームの検討
　第７章　交　渉
　第８章　基本合意
　第９章　デューデリジェンス（DD）
　第10章　最終契約
　第11章　クロージング
**第３部　ポストM＆Aフェーズ**
　第12章　統合準備
　第13章　経営統合
　おわりに　～M＆Aに失敗しないために～

**中央経済社**